商业新闻出版公司和轻松读文化事业有限公司提供内容支持

SWEET SPOT FOR ENTERPRISE GROWTH

甜蜜点撬动企业成长

轻松读大师项目部　编

中国盲文出版社

图书在版编目（CIP）数据

甜蜜点撬动企业成长：大字版/轻松读大师项目部编. —北京：中国盲文出版社，2017.4
ISBN 978-7-5002-7854-2

Ⅰ.①甜… Ⅱ.①轻… Ⅲ.①企业成长－研究 Ⅳ.①F271

中国版本图书馆CIP数据核字（2017）第084586号

本书由轻松读文化事业有限公司授权出版

甜蜜点撬动企业成长

| 编　　者：轻松读大师项目部
| 出版发行：中国盲文出版社
| 社　　址：北京市西城区太平街甲6号
| 邮政编码：100050
| 印　　刷：北京汇林印务有限公司
| 经　　销：新华书店
| 开　　本：787×1092　1/16
| 字　　数：80千字
| 印　　张：13
| 版　　次：2017年4月第1版　2017年4月第1次印刷
| 书　　号：ISBN 978-7-5002-7854-2/F·155
| 定　　价：44.00元
| 销售热线：（010）83190289　83190292　83190297

版权所有　侵权必究　　　印装错误可随时退换

出版前言

数字文明为我们求知问道、拓展格局带来空前便利，同时也使我们深受信息过剩、知识爆炸的困扰。面对海量信息，闭目塞听、望洋兴叹固非良策，不分主次、照单全收更无可能。时代快速变化，竞争不断升级，要想克服本领恐慌，防止无知而盲、少知而迷，需尽可能将主流社会的最新智力成果内化于心、外化于行，如此才能更好地顺应时代，提高成功概率。为使读者精准快速地把握分散在万千书卷中的新理念、新策略、新创意、新方法，我们组织编写了这套《好书精读丛书》。

这套书旨在帮助读者提高阅读质量和效率。我们依托海内外相关知识服务机构十多年的持续积累，博观约取，从经济管理、创业创新、投资理财、营销创意、人际沟通、名企分析等方面选取数百种与时俱进又经世致用的好书分类整合，凝练出版。它们或传播现代经管新知，或讲授实用营销技巧，或聚焦创新创业，或分析成功者要素组合，真知云集，灼见荟萃。期待这些凝聚着当代经济社会管理创新创意亮点的好书，能为提升您的学识见解和能力建设提供优质有效便捷的阅读资源。

聚焦对最新知识的深度加工和闪光点提炼是这套书的突出特点。每本书集中解读4种主题相关的代表性好书，以"要点整理""5分钟摘要""主题看板""关键词解读""轻松读大师"等栏目精炼呈现各书核心观点，崇真尚实，化繁为简，您可利用各种碎片化时间在赏心悦目中取其精髓。常读常新，明辨笃行，您一定会悟得更深更透，做得更好更快。

好书不厌百回读，熟读深思子自知。作为精准知识服务的一次尝试，我们期待能帮您开启高效率的阅读。让我们一起成长和超越！

目 录

成长 ………………………………………………… 1

  企业靠什么成长？毫无疑问，品牌理想是企业成长的驱动密码。品牌理想能凝聚企业成长的各利益关系人，能整合协调对企业未来至关重要的人员的行动，让大家抱持对未来的共同想象，义无反顾地朝同一个方向努力。把品牌理想与人类基本价值相结合，致力于改善人们生活，这是企业出类拔萃的根本之道。

甜蜜点撬动企业成长

甜蜜点服务 ·· 51

当承认世界不完美、服务企业不可能面面俱到时，"甜蜜点服务"就成为追求卓越服务的重点。"甜蜜点服务"的操作重点在于设计、打造出顾客最在乎的关键服务。要持续提供卓越服务，首先需要合理的资金机制；其次要设计出让每一位员工都能表现卓越的管理系统，并让顾客参与进来；最后，要有赋予卓越服务灵魂的企业文化。

目 录

销售带动成长 ·················· 99

　　销售数据是企业经营的王道，销售成长亦是企业成长的核心。企业若能更专注于促进销售成长，就可以创造更大的价值。成功企业推动和维持业绩持续成长有5个必胜战术：洞察成长趋势、蓄势待发；善用多元销售渠道，打造更广阔的成长基地；积极利用科技武装销售；注重短期表现，又不忘长期能力；面对变革，勇于担当。企业只有毫不松懈地抓住每个成长机会，才会真正获得成长。

上市 ··· 149

互联网颠覆了许多产业的游戏规则，为更多想创业的人搭建了实现梦想的舞台，也使一些既有事业经营者获得了更快、更容易拓展业务的利器。善用互联网的重点是了解这个全新的战场，并形成一套行之有效的策略。

成 长
企业成就伟大的终极动力

Grow

How Ideals Power Growth at the
World's Greatest Companies

原著作者简介

吉姆·斯登格(Jim Stengel)，有"营销领域第一强人"之誉，1983年加入宝洁公司，2001～2008年担任宝洁全球营销官，负责每年80亿美元的广告预算，主管近7000名员工，领导宝洁旗下各个品牌重树高层次品牌理想。斯登格离开宝洁之后，创立了以自己名字命名的吉姆·斯登格公司，为客户开展专项策略研究和咨询服务。同时担任美国在线和摩托罗拉移动通讯公司的董事，也是美国加州大学洛杉矶分校企管研究所的兼职教授。斯登格毕业于宾州州立大学和富兰克林·马歇尔学院。

本文编译：乐为良

主要内容

主 题 看 板	给企业一个成长的理由/5
5分钟摘要	成功企业的全新框架/8
轻松读大师	全球50强企业的共性/11
	必做之事1　发掘/20
	必做之事2　打造/27
	必做之事3　沟通/33
	必做之事4　实现/39
	必做之事5　评估/45

主题看板

给企业一个成长的理由

人因梦想而伟大,企业因理想而成功。

吉姆·斯登格归纳出全球50大品牌的5大基本价值,包括带来欢乐、促进联系、激励探索、唤起自豪以及影响社会。这50家优秀的企业皆因能够清楚定义品牌的基本价值,高举"品牌理想"的大旗,获得了极佳的经营业绩。

企业要成长,必须有股东的支持、员工的努力、合作厂商的配合以及消费者的捧场。在各利益关系人的同心协力下,企业才能有动力持续向前。"品牌理想"就如同凝聚这些关系的纽带,让大伙儿有关于未来的共同想象,可以朝同一个方向努力,推动企业的成长。在营销研究机构BrandZ公布的"2011年全球品牌价值排行榜"中,Apple、Google、IBM、McDonald以及Microsoft这些国际大品牌都名列前茅。随着品牌资产的累积，这些领先者坐享企业成长的丰硕果实。这也在表明：品牌对驱动企业成长居功至伟。

投入大量资源打广告、举办活动，不一定能让品牌成为企业成长的火车头。恰如在棒球比赛时的"界外全垒打"——力道充沛却错失方向，当然无法得分。而让资源与力量共同发挥作用的关键因素——品牌理想，才是企业成长的绝对关键，是取得行业领先的最终驱动力。

为什么品牌理想会有这么大的效用？其实，成就感与认同感对个人的影响力往往会超乎金钱和利益。远大的品牌理想可以整合并协调对企业未来至关重要的人员的行动，让他们义无反顾，全心投入。

也就是说，企业追求成长和领先的最佳方式，莫过于给予股东、员工、合作厂商以及消费者一个很好的理想，邀请大家一起去实现。让他们在投入的时候，不断告诉自己：是的，我们正在做一件伟大（或有意义）的事情。当所有人都愿意齐心协力，一起往企业的品牌理想前进时，成长自然而然就会发生。

在展开一连串的成长计划之前，不必急着调兵遣将、拉开战线。先仔细想想，自己的品牌理想是否在你登高一呼时，能够应者云集，跟着你一同去开创与过去截然不同的格局？如果答案是肯定的，那么恭喜你，成长将会随之而来。

5分钟摘要

成功企业的全新框架

最新的研究发现,品牌理想正是让当今最伟大的企业在本行业中居于领先地位,远远甩开竞争对手的关键因素。

高成长公司不仅为了赚钱——它们还想改变世界。事实上,如果你的目标是要"改善大众生活",并把这个目标视为一切行动的核心,你就会比肩那些业绩远超市场整体水平的公司,走上与之相同的成功模式。虽然听起来好像有违常情,但成长最好的办法就是不直接追求成长,而是把改善大众生活当成主要目标。理想是促进成长的终极动力。你该如何利用理想促进成长呢?以下5件事必做不可:

成 长

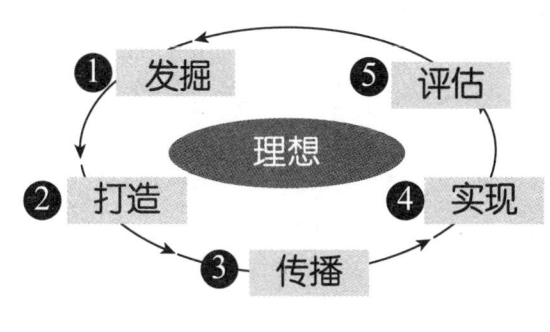

① 发掘　⑤ 评估
　　　理想
② 打造　④ 实现
　　③ 传播

① 根据人类5大基本价值，发掘你的理想

② 根据理想打造企业文化

③ 传播品牌理想，鼓励员工和客户参与实现品牌理想

④ 实现近乎该理想的顾客体验

⑤ 根据品牌理想，评估企业经营和员工表现

关键思维

最大程度地实现成长和追求崇高理想，两者并非水火不容，而是不可分割、相互依存的。一项涉及全球5万多个品牌的10年期企业成长研究显示，凡是抱持"改善大众生活"为经营宗旨的企业，其业绩都大幅超越市场的平均表现。事实摆在眼前，对于企业而言，在经营中认准方向是对企业自身最有益的事情。认识到这一点的公司不仅在本行业中居于领先

地位，而且还能不断地开创出新的业务门类，并长期保持盈利最大化。

——吉姆·斯登格

全球 50 强企业的共性

为了弄清楚为什么有些公司的成长比别人更快、更具持续性，我们针对全球 5 万多个品牌进行了为期 10 年的研究调查，将表现最好的品牌列入"50 强"，然后进行深入分析。令人印象深刻的是，这些 50 强企业 10 年间的投资回报率，平均比标准普尔 500 强公司高出 4 倍。

设定的 10 年期，确保了这 50 强企业肯定做对了一些事情，而不只是靠运气取胜；同时也显示出这 50 强企业做了哪些超越平凡的、与众不同的事。在试图厘清这些企业做了什么的时候，发现它们有一个显而易见的共同点，那就是都有鼓舞人心的理想。换句话说，50 强企业都试图"改变世界"。这个结论源自这项 10 年研究的 4 个独特发现：

发现 1　50 强企业都以强大的品牌理想作为前进动力

50 强企业都以"改善客户生活"为目的，他们都心怀理想，并以适合其产业的方式做到尽善尽美。

◎埃森哲咨询顾问公司是为了"帮助人们推动思想，实现梦想"。

◎亚马逊网络公司是为了"开创选择、探索和发现的自由"。

◎可口可乐是为了"激发幸福时刻"。

◎探索传播是为了"满足人们对世界和宇宙的好奇"。

◎联邦快递是为了"让人们对日常往来感到安心"。

◎惠普是为了"促进人类创新和进步的能力"。

◎IBM 是为了"打造智慧的地球"。

◎杰克丹尼威士忌是为了"赞美自主、独立和真诚"。

成 长

◎万事达卡是为了"使商务世界更便利、更灵活"。

◎红牛是为了"让世界充满活力"。

◎三星是为了"激发想象力，让无限的可能丰富人们的生活"。

◎星巴克是为了"激发自我探索和灵感"。

发现2　50强企业的经营者都是善用理想的艺术家

毋庸置疑，50强企业的领导人无不"专业专精"并具备高度竞争力，但他们是用艺术家的眼光，而不是纯粹从运营的角度看待企业。50强企业的领导人公开声明他们致力于利用自己的资源优势来积极影响人们的生活，而他们的优势和发力点就是直指每个人的本能、情感、愿望、梦想、价值与理想。

逐一看50强企业的创办人，他们最明显的就是大多具备企业艺术家特质：

◎联邦快递的弗雷德里克·史密斯。

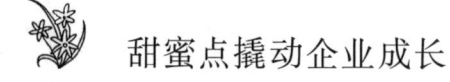

◎ 苹果公司已故的史蒂夫·乔布斯。

◎ 谷歌共同创办人谢尔盖·布林和拉里·佩奇。

◎ 红牛的迪特里希·马特施茨。

◎ 星巴克创办人兼 CEO 霍华德·舒尔茨。

◎ 捷步网络鞋店的谢家华。

发现 3　50 强企业的理想，皆以某个人类基本价值为核心

50 强企业都致力于以下 5 个人类基本价值中的一项，来提升客户的生活品质：

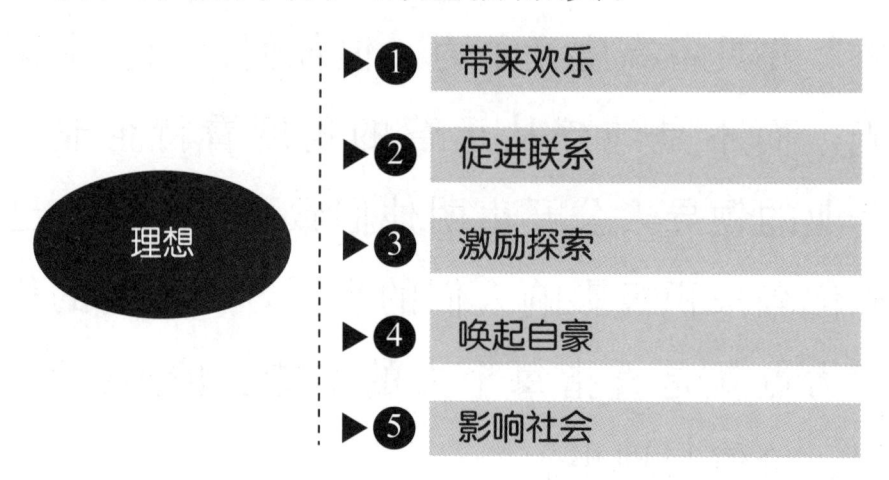

理想	
▶ ❶	带来欢乐
▶ ❷	促进联系
▶ ❸	激励探索
▶ ❹	唤起自豪
▶ ❺	影响社会

（1）带来欢乐——他们试图提供给客户充满快乐、新奇和无限可能的美妙体验。

（2）促进联系——他们提供工具，以有意义的方式促进人们彼此交往及与整个世界的联系。脸书就是一个以促进人们联系为单一目的，进而创下不凡成就的成功商业模式。

（3）激励探索——他们帮助客户探索和体验整个世界。苹果曾不无自豪地指出，它的产品是创造性的探索工具；谷歌帮助人们安全且快捷地访问信息世界；探索频道则以帮助观众满足好奇心而成为世界一大品牌。

（4）唤起自豪——他们帮助客户建立信心，对自己的成就感到自豪，并鼓励自我表达和激发热情。塔吉特百货结合优良设计、优质产品和优惠价格，让客户可以"少花钱却能表现自我"。无独有偶，杰克丹尼威士忌则以独一无二的签名版产品，为每一瓶酒的主人提供独特非凡的品位体验。

（5）影响社会——他们积极践行可持续发展，满足消费者生活、工作和娱乐的愿望。如石原有机农场与墨西哥辣椒餐厅，始终致力于帮助

甜蜜点撬动企业成长

人们选择新鲜、天然的食品；埃森哲咨询顾问公司和 IBM，意在不断打造更好更节能的系统功能；巴西石油公司则全力发展环境友好的可再生能源。

50 强企业的理想				
带来欢乐	促进联系	激励探索	唤起自豪	影响社会
可口可乐	巴帝电信	亚马逊公司	凯文克莱恩	埃森哲咨询顾问公司
阿联酋航空	黑莓公司	苹果公司	海尼根	Aquarel 专业水彩
瑞士莲巧克力	联邦快递	迪宝精品	轩尼诗	欧舒丹
万事达卡	富士 Natura	探索传播	爱马仕	多芬
酩悦香槟	乐天市场	谷歌	雨果·波士	IBM 公司
青岛啤酒	星巴克	惠普	杰克丹尼威士忌	纯真
折扣网站		尊尼获加威士忌	欧舒丹	美则清洁用品
韦格曼斯超市		路易威登	奔驰汽车	巴西石油公司
捷步网络鞋店		帮宝适	雪花啤酒	皇家宠物食品
ZARA 服饰		红牛		第七洲超市
		三星		舒酸定牙膏
		维萨卡		七世代环保用品
				石原有机农场

成　长

> **关键思维**
>
> 不论好坏,理想能创造奇迹,影响政治、艺术、技术、科学以及市场!商场上最强大且最具获利能力的工具就是理想——那些为了提升人们生活,直接诉诸人们本能、情感、愿望、梦想和价值的企业理想。
>
> ——吉姆·斯登格

发现 4　在构成运营系统的 5 项基本活动上,这些企业艺术家的表现都优人一等

虽然全球 50 强企业领导人的领导风格不尽相同,但他们有一个共性,就是都擅长以下 5 项活动:

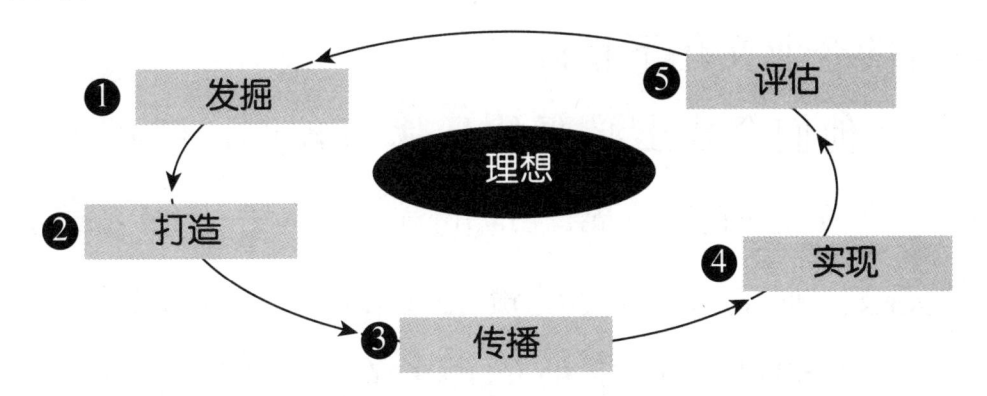

❶ 发掘
❷ 打造
❸ 传播
❹ 实现
❺ 评估

理想

◎ 他们都从5项人类基本价值领域中找到了品牌的理想，并与现有客户和潜在客户有清晰的共鸣。

◎ 他们都营造出符合理想的企业文化。

◎ 他们在公司内外都以坦诚和让人信服的方式，开诚布公表明实现他们品牌理想的方式。

◎ 他们让客户以理想成真的这种体验方式，来构建他们的企业。

◎ 他们定期自我评估，对于品牌理想的实现，他们是否言行一致。

50强企业还会从3项竞争力上"强上加强"：

◎ 他们聘请能以热情和才华投入公司理想实现之路的工作伙伴，这些人在共同的信仰和价值造就的企业文化下精诚合作。

◎ 他们会找出必要的品牌切入点，即进入某个产业并能占据一席之地的敲门砖——为了拿到这块敲门砖，他们会投资必要的系统和资源。

◎ 他们还会找出他们应有的品牌差异点——

成 长

亦即他们希望保有的竞争优势。

有了这样的工作伙伴以及品牌切入点与差异点的组合，50强企业便能水到渠成地招揽到他们想要服务的客户和生意。他们谨慎地追逐市场可能性，而这些可能性也大到足以达成他们的财务目标。

关键思维

如果你寻找的是市场空前的大好机会，那么你最好从人们最关心的基本需求着手，这对你的品牌和业务来说，是最有机会成长的领域。你可以测试看看你的理想是否直面人类5大基本价值：带来欢乐、促进联系、激励探索、唤起自豪、影响社会。

——吉姆·斯登格

如果你愿意让公司的业务符合人类的基本需求，公司业务和你个人的事业就会收获不凡的成就。我的研究显示你的成长率会提高3倍。

——吉姆·斯登格

必做之事 1　发掘

要像 50 强企业一样成长，首先要想清楚你的理想是要依托人类 5 项基本价值中的哪一项。这 5 项价值分别是：

◎ 带来欢乐。

◎ 促进联系。

◎ 激励探索。

◎ 唤起自豪。

◎ 影响社会。

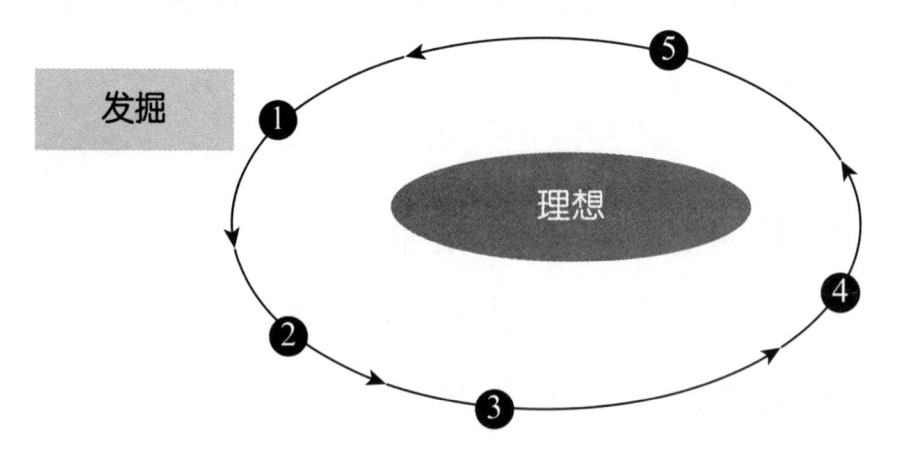

成长

> **关键思维**
>
> 多数企业会清晰勾勒出企业的愿景策略,也会发表关于所做生意、所要达成目标的企业宣言。问题在于多数企业并没有从提升生活的理想角度(企业究竟为何而存在)去阐述和实践——而这却是鼓舞员工和主要合作伙伴不断创新及提高表现水准、进而促进成长的动力。
>
> ——吉姆·斯登格

1958年,卡尼兄弟法兰克和丹,凭着向母亲借来的600美元开了首家必胜客餐厅,它的创立宗旨是让顾客可以在餐厅共享美味比萨的同时,享受亲情、增进友谊。到2000年时,必胜客在美国已有7200家分店,但出现了销售不佳、市场占有率萎缩、客流量下滑现象。

为了重振士气,大约在2009年底,必胜客的经营团队决定未来的发展方向就是找回原来的传统精神。他们告诉员工为什么必胜客与众不同，并集思广益，讨论如何增进公司的能力，再以崭新且吸引人的方式将该理想付诸实现。必胜客主打电视广告策略，定下"员工热爱工作"的情感基调，再加上大胆的折扣促销——任意一款比萨搭配任意配料都只卖10美元！14个月后，必胜客的客流量和销售数字就呈两位数增长态势，员工流动率也创下新低。

2012年，必胜客推出新的品牌理想："我们相信，只要愿意在对我们重要的关系上投入更多的时间，世界就会变得更好，必胜客的存在就是为了促进及支持这件事情。"

必胜客的案例说明：世界上任何一家企业只要以理想为念，就有潜力在机会到来之时实现质的突破，完成大幅成长。

要找到企业理想，通常要先清楚回答客户关系中最重要的4个问题：

◎ 对重要的客户，我们有多了解？

◎ 我们和我们的品牌主张什么？

成 长

◎我们的理想主张是什么？

◎我们要如何找到这些问题的答案？

如实回答这些问题，再促使企业践行此理想，并不是一件容易的工作——它需要勇气、纪律和诚信来支撑。但是，如果能这么做，你将收获不菲：你能将自己清楚界定，并能提供令人刮目相看的产品与服务。这足以令你从竞争对手中脱颖而出。

你要如何找到符合自己企业的理想呢？一些建议如下：

（1）好好研究50强企业的理想及你自己公司的文化和传统——看看5项基本人类价值中是否有某个适合你的企业。或许可以找一些你敬重的人征求意见和建议，然后写下你的理想和背后的理由。接着耐心等待，并且再三重述你的理想宣言，直到内心有了真实的共鸣。

（2）尝试填空——从"我们相信，只要_____，世界会更好"造句，得出一份自己觉得可行的宣言。记住，只要以"带来欢乐、促进联系、激励探索、唤起自豪或影响社会"为出发点，你的结论肯定威力十足。

（3）指定公司的"企业艺术家"代言人——并由他们负责落实你的理想。他们需要制订所有必要的业务系统，因此这个角色最好由CEO或某高级主管担任。这个人必须负责在各方面贯彻执行你的理想。

（4）定期评估理想在公司内的影响力——以确保该理想活力依旧并符合需要。每隔一段时间就要向自己发问：

◎ 这个理想符合我们的传统和特质吗？

◎ 这个理想对每个人的生活有积极影响吗？

◎ 我们的领导层对这个理想全力支持吗？

◎ 这个理想能激励我们的员工吗？

◎ 我们的理想能激励我们的客户吗？

◎ 实现这个理想能激发创新吗？

◎ 我们能在这个理想基础上实现成长吗？

成 长

（5）不断创造机会，让理想成为公司内部最重要的事——让每个人都知道这不是一个"只说不做"的想法。杰克丹尼把世界各地的员工聚集于田纳西州林奇堡的杰克营，实地体验杰克丹尼的传奇，并有机会在酒厂工作一天，或者参与其他能亲身感受企业文化的活动。这种体验可以确保每个人对品牌及其主张形成共识。

关键思维

数字本身不足以成为你前进的北极星，但你却很容易自觉或不自觉地玩起这种游戏。无论如何，你要把目光放在理想上，追随它便能在收益和净利上达成可观的成长。

——吉姆·斯登格

理想解开了21世纪企业成功的密码，因为它巧妙运用了放之生活与商业皆行的人类行为和价值的永恒真理。它让生活影响商业，同时让商业呼应生活。一个可行的品牌理想可以把企业变成了解客户的机器,私人定制出最佳客户。

——吉姆·斯登格

成 长

必做之事 2 打造

决定了核心理想后,接下来就是打造与理想一致的企业文化。企业文化决定企业成败,这里的关键是找到、培训、管理、提拔和奖励愿意使理想成真的工作伙伴。理想带动的成长是由内到外且内外兼修的,因此在面对你的顾客前,要先定位你自己。

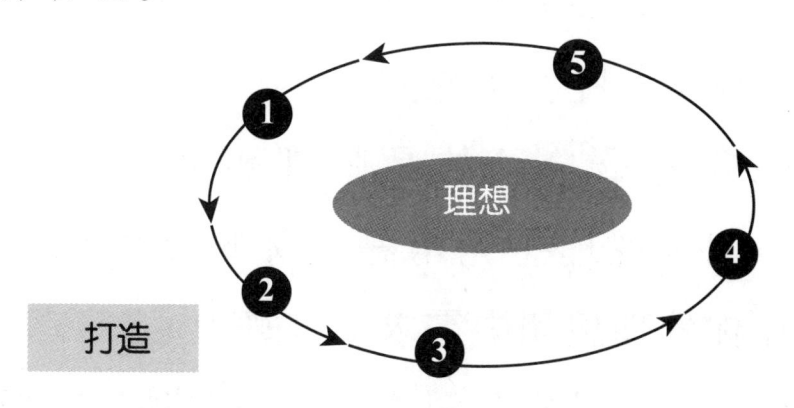

要让提升生活的理想成真,第一步需要厘清你的理想是什么,你的主张是什么。一旦人人有了共识,团队通力合作就可以产生意想不到的成

果。没有什么比工作伙伴带着热情和承诺一起打拼更能加速发展你的事业了。

作为一个组织，企业必须有所主张，这很重要。如果工作伙伴不明白企业的信念，他们就不能真正做出贡献。一旦你明确表明你的主张，所有人便能努力找出足以作为竞争优势的新策略、新契机。厘清主张的另一个好处是可以帮你拒绝脱离目标的想法。当你厘清组织的理想后，就容易拒绝方向错误的一些想法。

那么，你要如何去打造一个与你的理想相契合的企业文化呢？步骤如下：

（1）揭示自己的品牌理想并结合实际运行——把实现理想完全融入你想做的每一件事中，让你的理想切中需求又鼓舞人心。

（2）无论是在公司内还是公司外，都要表明自己的主张——每次都要清楚说明你的优先考虑、价值观和指导原则。向你的客户、供应商、经销商甚至主管部门充分表达，并确保每位工作伙伴皆支持奉行。

（3）设法让你的组织获胜——让组织工作行之有效，并让品牌理想积聚力量。

（4）组成适当的团队——招聘合适的人才并以最好的激励机制留住他们。

（5）支持以品牌理想为基础的创新——表明你希望开发各类能把你带往正确方向的创新产品和服务。不必设法挑出最大赢家，而是采取组合方法，投资数个不同的创新，然后针对可行的方案逐步扩大。

（6）定出高标准——让每个人铭记必须时刻尽心尽力做好工作，督促大家根据你的理想创造不凡的价值。

（7）持续培训——把培训当作日常例行业务，而不是偶尔为之的事件。时常借助回顾与总结，勉励、教导工作伙伴下次做出更好的成绩。

（8）做些典型性事件，让你的理想引起热度与兴致——可每年办一两次大型活动，让工作伙伴和其他相关人士知道你想实现什么。把活动办得有声有色，并邀请可以把你的理想人性化和具体化的重要人物参与，从而形成持续效应。

（9）鼓励每个人要像赢家一样思考和行动——激励他们发挥热情。人们都喜欢事情因为自己而获得改善，因此你要在团队内营造出"人人皆赢家"的氛围。清楚展现出在实现品牌理想的路上，前途一片光明。

（10）延续你的传统——在目前的任务中界定你要留下的传统，然后努力让它成真。

关键思维

企业文化的核心就是处理人力资源的问题。如果你不根据你的理想聘请、培训、沟通、管理、提拔和奖励你的工作伙伴，你就永远不可能实现你的理想。

——吉姆·斯登格

高级主管的工作就是在人才上面持续投资，

让企业得以永续生存。

——约翰·斯梅尔，宝洁日用品CEO

我的研究显示，提升生活理想能引发人们的共识和情感羁绊，没有什么能比这更能建立高度信任，并带来合拍的团队合作了。从长远来看，受理想启发的合作必然胜过由命令、控制或恐惧操纵出来的结果。理想是点燃团队全力作为的火花。

——吉姆·斯登格

品牌理想是一家企业存在的根本原因，也是企业带给世界的高级利益。改善人们生活的品牌理想是在包括员工和客户的商业往来中，唯一可以用来招募、团结、鼓舞所有人的长久之道。也唯有它，能把企业的核心理念与其服务对象的基本人类价值做长期的结合。若没有这样的结合，也没有品牌理想，任何一家企业都不可能真正出类拔萃。

——吉姆·斯登格

重点不在于你卖什么，而在于你主张什么。

　　——罗伊·斯彭斯，作家

人们投身一家公司是为了奉献社会，这听起来像陈词滥调，却是根本的道理。

　　——戴维·帕卡德，惠普共同创办人

我们的运营有个假设，那就是如果我们奉献社会，自然就会有应得的奖励。

　　——比尔·休利特，惠普共同创办人

成 长

必做之事 3 沟通

要想让理想发挥杠杆效应,以小博大,就必须与公司内外坦诚而生动地沟通你在做的事。你需要一个故事,用来包装你渴望实现的商业目标,然后努力让企业上下以统一的方式去传达这个故事。你必须以独特的声音去穿透市场噪音而直抵人心。

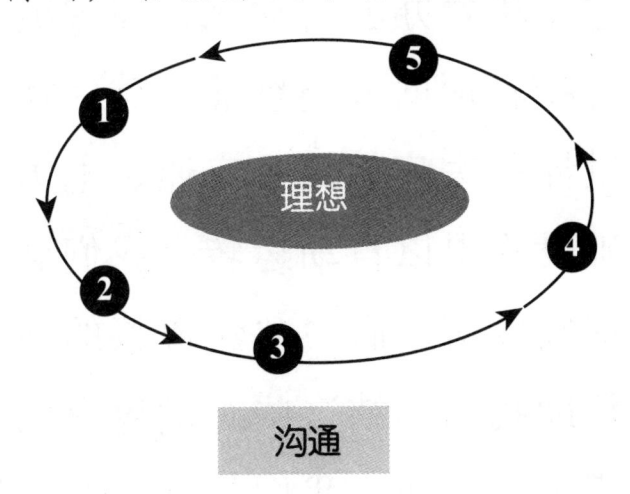

高成长的企业总是拥有高品质的沟通。公司内外的一切言行,都在传达和强化品牌理想。IBM 的"让我们共建智慧的地球"行动是个很好的例子。公司推动的一切事物都和这个理想紧密相关——包括内部谈话、备忘录、报告、名片、办公用具、电子邮件签名栏、标识、产品声明、股东通讯以及广告等等。

关键思维

这个历久弥新的理想就是IBM的本质，在不同的事情或不同的历史时刻，它有着不同的意义。有时它意味着办公自动化；在阿波罗太空计划中，它意味着帮助人类登陆月球；而今天，它意味着让世界的医疗保健、交通、电力网等各产业内的基础设施得以自动运转。我们必须与许多听众谈论这些事情，而"共建智慧的地球"这句标语，则帮助我们集结这些对世界有同样信念的听众共襄盛举。例如，我们与客户的交谈是从共同的世界观开始，我们都相信科技可以改善世界。

——约翰·肯尼迪，IBM企业营销副总裁

成 长

　　IBM是家市值千亿美元的公司，全球有超过40万名员工，他们皆凝聚在一个雄心勃勃、鼓舞人心的理想之下。然而，让IBM表现出色的不是广告预算的多寡，而是它的真实性。

　　IBM员工言出必行，他们切切实实尽一己之力为共建智慧的地球而行动。他们言行一致，这是每个追求成长的企业必须做到的。

关键思维

　　一个团队拧成一股绳，为共同的梦想交流互动的企业，可以奏出优美的旋律。各怀目的进行沟通的企业，发出的不过是一堆噪音。

——吉姆·斯登格

　　每当要表达一个理想的时候，宝洁日用品所用的"标准化"方法就是设置"沟通简介"。它是一份策略文件，指导并激发沟通。良好的沟通简介包括所有重要的量化衡量标准，如业务标的和成功指标,以及品牌理想的详细内容和要去来往的人士清单。沟通简介可以让决策速度加快,失误减少,并为决策制订疏通道路。一份良好的简介可以让大家达成共识,事情往往就此成功了一半。宝洁日用品还指定一人担任"品牌特权持有人",对所有营销沟通负起全责,这比各自为政好多了。

在公司内外,皆能做一个秉持理想的有效沟通者的关键是:

◎把所有的沟通当作重要的成长动力——并当作领导的责任。不要找人代理,而是指定某人专门负责所有内外的沟通事宜。

◎为"伙伴们"做好所有的沟通工作——包括你的客户、员工和供应商。谈论那些可以强化与他们既存关系的事情。

◎以单一标准评估你的沟通——看它们是否能帮助品牌成长,并帮助人们理解你想实现的理想。

成 长

◎给所有合作伙伴提供同样的沟通简介——简要声明你的理想是什么。

◎设计你的沟通系统，保证其最富创意、最具速度和最有效率——人人欢迎成本更低却更有效的沟通。

关键思维

把公司的核心理念与人类基本价值相结合，一方面可以提升人们的生活理想，进而给企业以真正存在的理由；另一方面又可以支持开放式的流程，继而陆续推动各种不同的商业模式。不要误会我的意思，想成为时下表现最好的企业，最高的标准、最好的人才、最满意的客户，这些都是必要的。然而，这样的眼界还不够高，也看得不够远。要达到更高的目标，并且在业界保持领头羊的位置，就需要有理想。

——吉姆·斯登格

品牌理想使领导人对他们所看重的事，能保持绝对的清晰和警醒，并以此推动最后成果的出现。

——吉姆·斯登格

1980年，标准普尔500强企业的整个市值几乎全是有形资产。到了2010年，有形资产只占标准普尔500强企业市值的40%～45%。其余的资产为无形资产，而其中将近一半——超过30%的市场总值，来自品牌。品牌价值的重要性在过去30年有明显的增长，如今它更是多数公司最大的单项资产。结果，在每个产业与各个经济部门中，业务领导和品牌领导整合为一，而世界顶尖企业对此的回应也是最高主管阶层必须让业务领导和品牌领导整合为一，并且使之贯穿于整个组织。简而言之，企业的好坏决定于品牌，品牌也给予企业领导从未有过的发挥空间。这就是为什么我相信每位企业领导人——无论你是卖汽车、化学制品还是化妆品，都要像品牌领导人一样思考和行动。

——吉姆·斯登格

成 长

必做之事 4　实现

你必须以深刻的方式落实你的理想。换句话说，你必须给客户提供一种体验，使其能感知你在尽可能完美地实现这个理想。你的企业的每个环节和整体文化，必须保证让充满活力又引人注目的客户体验不断发生。为了改善人们的生活，公司必须竭尽心力。

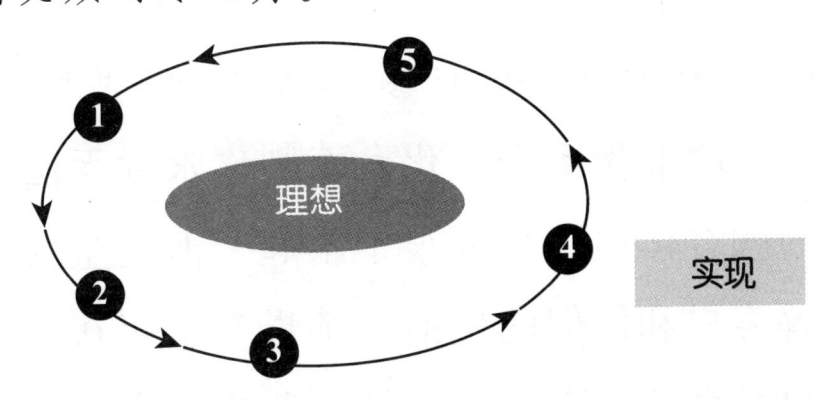

你要如何实现理想的体验？5项建议如下：

（1）从你的理想着手并厘清你想让人们体验什么——伟大的品牌体验一定源自理想，亦即企业想要达成的更高目标。例如，捷步网络鞋店的核心理念是"以令人惊喜的服务传递幸福"。基于这个考虑，捷步让员工以实现该理想为终极目标而自由创新。公司要求每个员工都要接受电话客服中心的培训，而且无论身处哪个职位，都要在客服中心待上一段时间接听电话。此外，在繁忙的圣诞销售旺季，每个员工每周都要花10小时接听客户电话。如此一来，每个人都能切身体验顾客的心声，并能领会到自己的所作所为如何影响品牌体验。

（2）让体验基于顾客所需而"私人定制"——除非做到个性化，否则你永远无法实现伟大的顾客体验。数据很了不起，但更重要的是你了解客户和他们的生活。苹果专卖店在专注建立客户关系这件事上是标杆。苹果是史上最成功的零售商，效益最好的商店每平方尺的销售额高达5万美元，如此出色的销售成绩靠的就是专注于帮助客户发挥创意，而不是专注于畅销产品。

成长

苹果的天才酒吧、课程和个人培训班是实现顾客体验非常有效的方式，也是苹果理想的化身。

（3）与合作厂商通力合作，听听他们的建议——把顾客体验做得更好的创意，不是光凭公司研发部门的冥思苦想，还要发散思路，想方法与合作厂商合作，强化你的品牌体验；把他们当作工作团队的延伸，并建立长期合作关系；让他们知道所有该知道的事以利双方合作，不要老想榨干他们以获取更多利润，要坐下来谈谈怎样才能为客户创造更多的价值，然后以合理和持久的方式，分享这些附加的价值。一定要做到彻底透明。

（4）为品牌体验不断注入新点子和新创意——客户的期望在不断升级，你的品牌体验也要随着时间逐步改进。你需要开发新鲜的点子库，源源不断地输入品牌体验，让品牌体验尽可能整合各种可能性和新元素以保持趣味性。能否持续成长就看你能否坚持这么做。Netfix 公司是个绝佳案例。1997年，Netfix利用邮政服务做影碟租赁生意起家，2007年，Netfix转型，开始将高画质的影片通过网络传送给订户，取代了自己原本的邮寄影碟生意。到2011年底，Netfix在北美有2400万个订户，并再次升级成为全天候24小时的网上媒体服务商，提供客制化的娱乐视频。Netfix现在能为200多种影视设备提供流媒体播放服务，并放手大胆地收购各类娱乐素材的原作版权。Netfix的目标是给客户提供更好的体验，满足客户随时随地的需求，在此企业理想下，Netfix得以蓬勃发展。

（5）制订一个可重复、可传授的作业流程，用于开发更新、更好的创意——精明的公司不会把好的顾客体验创意归于运气或偶然。他们设置可重复、可传授的作业流程，并不断创新和升级，以加强和深化客户的品牌体验。他们有统一的标准决定是否采用某项提议，并以公开透明的方式，在既有的基础上整合创新。3种最常见的创新形式包括：

◎ 持续性创新——在日常工作中对品牌体验做出改进或提升。

◎ 商业性创新——为产品或服务找到新用途，或推出覆盖面更广的营销活动，以吸引新的客户群。

◎ 破坏性创新——通过商业模式的改变，彻底改造整个产业。

关键思维

企业所做的一切，都与你提供给顾客的理想体验"脱不了干系"。不仅仅是你的产品或服务，还包括人们如何了解它、购买它、使用它、将它视为生活必需，以及与他人分享使用经验等。不过具有讽刺意味的是，你仅仅可以实现当前最理想的品牌体验，却不能成就终极完美的品牌体验。我的发现是，你越努力去改善人们的生活，而且在产品和服务及互动中越多表现出这点，就会有越多的顾客及"铁粉儿"成为你企业的忠实拥护者,他们会竭诚欢迎你落实企业理想。如果你稍有疏忽,他们情愿相信你是无心的,并且很快告诉你出了什么错,并贡献自己的热情、创意和支持来帮助你解决问题。

——吉姆·斯登格

成 长

必做之事5　评估

以理想立身的企业，其成长速度比同业快，因为他们的目标是要改善人们的生活，这也形成了他们的定位系统。如果你渴望吸引更多顾客，就要评估自己的行为，看自己是否真的说到做到，这是绝对重要的。

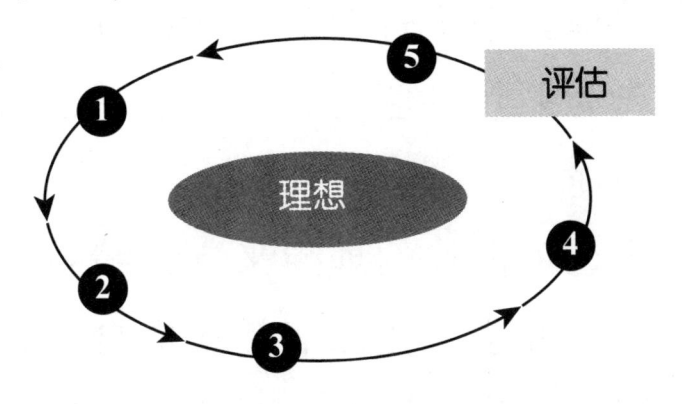

关键思维

如果你不能根据品牌理想自我评估和管理，就等于是让事业不上不下，搁浅岸边。这时，真正的考验才正式开始。我们一路讨论这么多——从发掘理想到实现几近完美的体验，但要修成正果，唯有等到企业根据品牌理想对自身进展和合作伙伴完成评估之时。

——吉姆·斯登格

评估品牌理想的实践情况，有4大原则：

（1）一定先从与未来关系最大的顾客和相关人士的反馈开始——他们的意见远比许多其他的数据更有价值。做个打造品牌的记分卡，追踪自己是否优先为最具价值的客户创造了价值。他们可以让你前途一片光明。

（2）永远依据你的理想来制订绩效指标——设计一套评估方法，让你清楚知道自己是否在实现理想的路上一步步迈进。要让这套评估方法切实可行。

（3）把促成品牌理想的实现纳入员工每天的工作计划——确保公司每个人都能在职责范围内促成品牌理想的实现。合作伙伴每天的工作与品牌理想之间，也要有直接而醒目的关联。

（4）评估并奖励在客户和终端消费者身上付出的时间和精力——如果你的员工或合作伙伴没花时间与客户交流，你就不可能实现品牌理想。人们很容易分心，因此追踪员工花了多少时间去了解顾客是件重要的事。

你也得小心，别让你的评估系统停滞不前甚至拖后腿。不断寻找是否有更好和更聪明的方式来追踪当前所做的事，并依此升级进化你的评估方式。对进展追踪越精确，你的评估方式就越好。

同时也要牢记，如同你的评估方式不能停滞不前，你的品牌理想也要持续演进。你要坚持不懈地留意你的品牌理想是否恰当并能促动成长。随着科技的进步、客户行为的改变，以及竞争对手的策略更替，你的品牌理想也需要不断推进与重新定义。要维持竞争优势，你就必须逐步进化并增强自己的品牌理想——就像50强企业一样。

甜蜜点撬动企业成长

关键思维

　　不管你的公司是全球500强企业还是新起之秀，也不论你是高级主管还是职场菜鸟，改变企业文化都需要从鼓舞人心的理想开始。企业文化当然是以成长和利润为核心，但正如我们所看到的，获得持续成长和获利的真正路径却是依靠改善人们的生活品质。企业文化必须改变的原因每天都摆在我们面前。狂热的商业周期和赢家通吃的心态已经把"价值"变成一组缩写或代码，必须每季追踪，却也可以一夜消失。我们生活在日益透明的世界，用心打造的形象泡沫已不能掩盖或抵消不良行为。对真正关心未来的企业来说，最有说服力的是，新一代年轻人会有3倍的可能进到一家他们真正感兴趣的公司工作，而不是被天花乱坠的公司宣传标签所左右。

——吉姆·斯登格

　　品牌理想并非因为利他主义或企业社会责任而存在，而是一家公司存在的基本理由并能助力

成 长

公司的成长。它能联合并影响所有攸关公司未来的人的行为，因为没有比理想更能团结和激励人心的了。它可以把公司内里之事与外围之事联结在一起，尤其是人们内心的"密码箱"与他们的决策方式。我的研究发现，理想是公司领先于业界的终极动力。你的领导地位越高，你的信息表达就要越简单和有力，要让不同的个人、小组、团体、业务部门都能理解和付诸行动。理想之所以有这样的作用，是因为它们诉诸全人类共通的本能、希望和价值。

——吉姆·斯登格

是什么让一家企业的成长超越竞争对手？是什么力量让一家企业登上巅峰并屹立不倒？我相信我找到了答案。这是一个全新的企业框架，它以企业对其客户提供生活上的改善为基础，它是根植于商业和人性本质的永恒基调。最新的研究，包括我对全球5万多个品牌所做为期10年的成长研究，给了我灵感，也验证了这个新的框架。世界上以此框架原则运营的一流企业，其成长超越竞争对手 3 倍之多。当今最成功的商界领袖也擅长运用品牌理想。我与我的研究伙伴都发现，品牌理想正是让当今最伟大的企业在其领域成为楷模，并远远甩开竞争对手的关键。

——吉姆·斯登格

甜蜜点服务
寻找顾客最在乎的关键服务

Uncommon Service

How to Win by Putting Customers at the Core of Your Business

原著作者简介

弗朗西丝·弗雷（Frances Frei），哈佛商学院技术与运营管理系教授，研究企业如何设计和提供卓越服务，已发表了数十篇成果文章。也致力于为公司和企业如何以不同的服务模式获利提供建议。弗雷毕业于宾州大学。

安妮·莫里斯（Anne Morriss），美国康瑟尔领导研究中心执行董事。曾与北美和拉丁美洲的公司和政府机构合作，帮助制订策略、领导实务和变革体制。亦与世界银行合作，参与协助全球40多个国家和地区促进当地的创业精神和创新构想。莫里斯毕业于布朗大学和哈佛商学院。

本文编译：乐为良

主要内容

主 题 看 板	建立与顾客的甜蜜关系/55
5 分钟摘要	卓越的服务/58
轻松读大师	一　提供服务/60
	二　资金机制/65
	三　员工管理系统/71
	四　顾客管理系统/77
	五　整合/83

主题看板

建立与顾客的甜蜜关系

熟悉球类运动的人都知道，在棒球、高尔夫球运动中，如果以"甜蜜点"去击球，那么球与球杆就能碰撞出最"甜蜜"的美好感受，球就可以飞得又直又远，力道十足。

在建立产品服务策略时，这个原则其实也可发挥出相当大的效益。影响顾客满意度的因素相当多，但是基于成本与能力的现实因素，企业不可能面面俱到，在顾客满意度考核上不可能拿到满分。

当承认世界是不完美的，"甜蜜点"的服务思维自然成为取得服务竞争优势的重点。"甜蜜点服务"比比皆是，我们可以见到：美国西南航空专注提供周到服务与低廉票价而赢得了顾客欢心；沃尔玛强化价格低廉与品项齐全的优势而巩固了市场地位。如果承认自己的服务不可能包罗万象，那么选定顾客在乎的关键服务，进而深化品质，就能收获成果。

当然，选择重要的"甜蜜点"提供服务，并不代表就可以弃其他服务于不顾。实际上，维持"朴素"，但是在关键点上加以强化，让客户有"甜蜜"的感觉，是吸引顾客支持并且胜出的关键。

"甜蜜点营销"更重要的一点是邀请顾客参与，甚至让顾客动手协助完成服务，以降低企业的成本。你可以自行脑补，当你陷入热恋，你是不是只会看到恋人的好？而且愿意为他（她）做任何事情？同样道理，"甜蜜"的实质是让客户满意，甚至愿意为了你而有所牺牲。

掌握了"甜蜜"诀窍的服务提供者，可以在满足顾客最在意的需求（例如价格低廉）、获得顾客支持认同之后，再邀请顾客一起动手（例如自助加油），甚至让顾客欣然接受一些不便（例如简单的卖场装修)。他们就这样完成了让顾客满意的服务，也在不经意间提高了顾客的忠诚度。

当然，提供服务的企业本身仍然有些基本功课要做。除了想出各种模式筹集提供"甜蜜点服务"所需要的资源之外，也要让员工了解服务的关键"甜蜜点"在哪儿，并以认同服务价值、企业文化与服务精神的员工为服务的主要提供者，并且"拉动"顾客关注服务核心，使其成为卓越服务模式中的一环。如此一来，服务提供者与顾客的甜蜜关系就可以建立起来，并开启全新服务模式。

5分钟摘要

卓越的服务

卓越的服务是设计和文化相结合的产物。一套设计良好的服务模式不但本身具有获利能力和持续性，同时也体现了企业文化。

尽管提供一流的服务是必不可少的，但光是要求员工随时随地尽力呈现出一流的服务还不够。你得从组织的各个方面做好设计，提供条件保障。换句话说，你一定要设计出一种商业模式，让一般员工——不只是特别有才干的员工，在每天的例行工作中都能提供卓越的服务。优秀的组织能利用产品、资金策略、制度和文化让员工表现卓越。

那么，你如何通过设计打造出顾客最在乎的关键服务呢？你必须回答下面4个问题：

你想以哪些服务特性与对手竞争	提供服务	▶ 资金机制	拿什么来作为卓越服务的成本
		▶ 员工管理系统	员工是否具备了成功的条件
		▶ 顾客管理系统	如何训练顾客

想清楚这 4 个问题的答案,并做好基础工作,你就有了让所有员工持续提供关键服务的基石,而不用一直依赖杰出员工的救场。

轻松读大师

一 提供服务

提供关键服务的第一步竟是承认自己不可能样样精通，这看似违背常理。但在一些时候或某些地方，你必须有所取舍。想在一个领域提供出色的服务，则必须相应放宽其他某些方面的要求——你的顾客最不在意之处。你必须决定在服务的哪个环节大放异彩，在哪个环节只要做到刚好就行。

关键思维

根据我们的经验，伟大服务的最大障碍，而且是长期障碍，是在情感上不愿示弱。但事实再明确不过：有一得必有一失。进步需要付出代价，你提供服务的一部分就是割舍。然而一般来说，消极对待有违良心。消极对待就是故意让人失望，是放弃明明可以做好的事及任何可能性，是一种敷衍态度。消极对待让人感觉不好，特别是在带有使命性质的行业中，如医疗保健或教育，这些行业在道义上来说，服务必须面面俱到。当然，我们的看法迥然不同。消极对待是实现伟大的唯一机会，不这么做就是甘于平庸。

——弗朗西丝·弗雷　安妮·莫里斯

如果你去看成功的服务业，就会发现他们在一些地方做得非常好，但在其他方面却表现欠佳。例如：

◎美国西南航空公司提供周到的服务和低廉的票价，但在机舱设备与转机的航线上都甘拜下风。它在最在意的项目上比同行都做得好，而在最不在意的方面，做得比谁都差。

◎沃尔玛深知顾客中意它的价格低廉和商品齐全，也知道顾客不是非常在意商店的氛围或销售协助。因此，公司让顾客在十分简朴的环境下自己解决问题，以便把钱用在刀刃上——支撑

"永远低价"的政策,而这才是顾客的最爱。

◎近几年来,美国商业银行延长营业服务时间(周一至周五为7:30~20:00),并在星期六和星期日提供全方位金融服务。尽管商业银行提供的存款利息在银行市场上是最低的,但它却深受顾客喜爱,因为它提供了方便的营业时间。

其实,当公司试图面面俱到时,最后的结果往往是员工筋疲力尽,顾客怨声载道,投资者大失所望。许多公司对此的应付之道是设法在各方面都表现平平,但这显然是只求平庸之道。

设计实体产品的人都知道必要时要做出取舍,因为事物规律即如此,在提供服务上,情形也大体相似。要在某些领域做到卓越,就必须明白不可能拥有一切。在同行中你不可能做到成本最低,品质最高,同时又卖得最快。这在实际中根本无法操作。

那么,在实践中,要如何做出高明的取舍

呢？步骤如下：

（1）替组织制订内部服务特性图——想清楚自己目前的优劣之势。召集各业务部门的人，综合各方观点来定夺这件事情。然后，把列出的项目，从顾客的视角排出优先顺序——从你认为顾客最重视的一直排到你认为他们最不在意的。

（2）制订一份外部服务特性图——实际走出办公室并询问顾客，了解他们最看重哪些特性；观察顾客如何购买你的产品，并注意他们对哪些特性最为关注；问他们为什么选择或不选择你的公司。要记住，一个顾客群与另一个顾客群的考虑方向可能有所差异，而你可能是通过多元化经营来服务不同的顾客群。无论如何，与顾客谈谈并勇于面对真相没有坏处。不要自以为真相在你手中，要去把真相找出来。

（3）分析你的表现——把这些服务特性与竞争对手作比较，仔细研究自己的表现。

（4）仔细认真地重新更正服务特性图——与

竞争对手比较后做出反馈。你可能需要转移资源，以便突出某一特性，令其表现更好。或者，如果你发现你真的擅长某些东西，但顾客却不买账，那么你就得努力去改变顾客的优先选项，让顾客朝你靠拢。宜家家居通过如下理念做到了这点：强调廉价家具可以配合生活的演变而随意变化。刻意有别于传统家具厂商制造耐久的家具，而着重在能够改变、有趣的提案、轻松组装的特性，并且把卖场打造为休闲逛街的好去处。这一直是宜家家居异常成功的策略。

关键思维

要提供卓越的服务，就必须在策略上刻意消极对待。这表示在顾客最看重的方面，你的服务没话说，并且尽可能保证获利和持续性，而在顾客最不在意的项目上则消极对待。换句话说，为了提供良好服务你必须有所侧重。

——弗朗西丝·弗雷 安妮·莫里斯

二 资金机制

要持续提供卓越的服务，则需要找到经费支持。方法不外乎找到提高收费的妙方，削减无关紧要的成本，以及让顾客分担一些工作。这3个选项中的哪一项适合你，取决于你对产业状况的了解以及你与顾客的关系。

追求卓越服务常见3种筹资方式分别是：

（1）顾客愿意付更多钱。听起来很合理，但要从顾客手里掏出更多钱，要有足够的理由。什么值得付出高价？因行业不同而有很大差异。星巴克的咖啡收费高，但对顾客在店内的消磨时间不加干涉。一些银行给较低的存款利息，但取消顾客不想支付的柜台手续费。各家航空公司开始收取行李搬运费，甚至机舱内提供的毛毯和枕头也要收费，这就在挑战顾客的容忍极限了。如果额外收费能够让顾客知道你有充分的理由，顾客就不会觉得受到冒犯并且会欣然接受你的做法。但要注意，如果处理不当并造成顾客的抵触，则可能失去市场的信任，要想修复会十分困难。

（2）降低成本却能提高服务。美国前进保险公司有立即赶到事故现场，且评估损失后当场开具理赔支票的服务。这样做除了能为顾客提供更快更好的服务外，对公司也有益处。事实上，公司的理赔专员发现，第一时间赶到事故现场，可以降低欺诈和引起争议的理赔要求。保险公司的业务代表快速来到现场并带着"你没事吧"的关切，然后马上着手帮助厘清事故，这种做法大大降低了后续引发争议的索赔事件的发生。要知道，欺诈与争议性的索赔和诉讼费用，占了整个保险业保费的15%，这是一笔相当可观的支出，事实上，前进保险公司在这方面的卓越表现，远超过付出的费用本身。

又比如，台湾财捷公司要求小型企业软件产

品开发团队向用户提供电话支持服务。这么一来，软件工程师能直接面对用户，并根据其意见反馈开发更好的新版软件。此举对于财捷可谓一箭双雕：不仅改善了客服电话的品质，长此以往还能不断降低技术支持的成本。

（3）让顾客分担一些工作。1916年出现了自助式的零售商店，这意味着顾客不再需要依赖柜台后方的服务人员拿取商品。顾客自行取货不仅省钱，也给了顾客在购买前可以先看标签、比较价格和检视产品的便利。航空公司也发现顾客喜欢自助式登机服务站，因为它可以额外提供更多的资讯，例如航班座位情况等。顾客喜欢自己动手做这类的事，因为它替顾客带来了他们真正受用和认可的价值。

关键思维

方法1最简单，至少从设计角度来看是如此；方法2最可靠；方法3最引人注目。额外收费本身不代表绝对好或坏，成功与否取决于你与顾客之间既定的权利与义务。

——弗朗西丝·弗雷　安妮·莫里斯

那么，你要如何制订资金机制，以让你比同行提供更好的服务？其实，提高收费最容易执行，但真实的情况是多数市场无法接受多收价钱。因此，你得拿出创意来：

（1）检查你的成本结构——从花钱最多的地方着手，因为你最有可能在这上面省下最多的钱。分析金额最大的成本支出，并看看能否想出减少支出的点子和策略。你能否引进一些系统，使用新的技术直接缩减目前的成本？比如"允许顾客上线自行操作"就是一个值得考虑的选项。

（2）找出一些可以发挥你强项的更新、更好的方法——运用你已经十分拿手的项目创造收入。从你已经在做的项目入手，设计一套加值的服务。如果运气好，你甚至可能设计出让竞争对手望而却步的服务。例如，一家当地的保安公司可以提供随时赶赴现场的保证，这让全国性的大型保安公司基于成本考虑无法与之竞争。由于这是当地公司的优势服务，让顾客为到手的服务多付些钱，肯定是个稳赚不赔的点子。

（3）释放你的顾客——看你如何做到自助服务。有意思的是，即便你让顾客自助做更多的事，自助服务仍能大幅改善顾客的购买体验，还可以帮你多收点钱。自助服务这个选项，在提供卓越服务上具有重要作用。

关键思维

卓越服务一定要靠资金作支撑。如果没有，你可能冒着提供无偿服务的风险，白给了顾客一些服务，却没有人为此买单。

——弗朗西丝·弗雷　安妮·莫里斯

顾客忠诚项目是一种让卓越服务得到回报的办法。真正的忠诚项目——让顾客更加愿意多付点钱——很罕见，主要原因是忠诚项目常被误解为只是为了留住顾客。

——弗朗西丝·弗雷　安妮·莫里斯

要让自助服务成为关键服务体验的一环，顾客必须喜欢自己动手，而不是坐等着全方位服务。

——弗朗西丝·弗雷　安妮·莫里斯

三 员工管理系统

找到优秀人才固然很好，但千万别把能否留住这些精英视为公司成败的关键。更好的办法是设计一套服务模式，让一般素质的员工凭借它也能应付自如。

许多公司因为顾客服务接口设计得很差，员工动辄得咎。其实，提供一流的顾客服务不仅需要员工加倍努力，还往往需要打造一个完整的员工管理系统，让实际操作中有能力的员工能顺利完成任务。要做到这点通常需要4个要素彼此配合：

1. 精选
2. 培训
3. 工作设计
4. 绩效管理

完整的员工管理系统

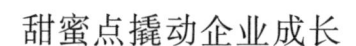

◎你需要精选一流的一线服务专家,并且视他们为公司的特权阶层。让后勤部门和管理团队共同努力,提供保障让这些一线的员工尽情发挥而无后顾之忧。选择充满活力、热衷追求完美和提供出色服务的人作为你的一线服务专家。

◎为新进员工提供足够的培训时间,让他们完全融入公司的文化。在强化他们技术能力的同时,也要让他们接受企业文化的熏陶,而这一切没办法在几天内做到,可能需要几个月的时间。培训是需要投资时间、精力和金钱的,要做好这方面的准备。

◎简化工作可以让员工专心提供一流的服务。如果你能尽可能采用自动化办公,同时降低对员工的表现期望,你就能创造一个"卓越自动生成"的环境。你还要定期自查以化繁为简,因为时间一久工作说明又会变得复杂。时刻谨记,你必须提供科技工具和解决方案,用来协助而非阻碍员工工作。

◎你需要建立绩效管理制度,奖励工作杰出的员工,并惩罚绩效差的人。奖励的形式很多,但实质奖励、利润分红及绩效奖金最能让人全心投入;工作上有更多的自主权也是重要的诱因之一,当员工可以按照自己的时间工作,不受任何人监督,通常表现良好。良好的绩效管理需要有弹性且能应变,以便迅速对内部和外部环境的变化做出回应。你只要确保你的绩效管理制度有一致性,并能充分配合你的商业模式,就能长久适用。

那么,你要如何强化员工管理制度,并把这些构想付诸实施呢?

(1)去"基层卧底"一两天——实际观察公司一线的运作情况。亲自考查目前的服务水准是否令人失望。不要凭空猜想——走出去获得第一手且不加润饰的体验。看看员工和他们的工作是否匹配,且其怎样影响服务品质。

(2)试着描绘5年来公司业务的复杂程度有

何变化——询问员工的作业熟练程度是否以同样的速度跟上改变。考察员工是否负荷过重,同时审视自己是否给他们足以表现杰出的硬件保障。一定要清楚知道管理层在这方面做得如何。

(3) 如果发现有不匹配和落差,就要规划出改进的最好方式——是要减轻作业的复杂程度,还是该提高员工的熟练度?调整工作与调动员工各有利弊,你的任务就是制订改进的具体方法。有时,降低作业复杂程度是合理的,但有的时候,培训员工让他们更为胜任最有成效。不妨尝试一下信息技术能否提高员工的生产力。

关键思维

杰出服务业的目标就是让普通员工皆能表现一流。

——弗朗西丝·弗雷 安妮·莫里斯

许多公司设计出来的服务模式,没有员工能够做到——它要求人人都是独当一面的超人。事实上，公司团队里已有足够德才兼备和积极进取的人，公司要善用这些人才。设计服务模式时必须认清这个事实，不能好高骛远。

——弗朗西丝·弗雷　安妮·莫里斯

非同寻常的出色服务并非仅靠态度和努力就能做到，它需要靠服务模式蓝图里的既定设计。把服务视为公司的使命，并偶尔博顾客一笑是容易的。但要设计出一个服务模式，让一般员工——不只是明星员工，每天例行地提供卓越服务则是困难的。优秀的服务业就是能打造产品服务、资金策略、制度和文化等保障，让员工不费吹灰之力把工作做好。

——弗朗西丝·弗雷　安妮·莫里斯

你不能以"所有员工都能时时刻刻、夜以继日、无限期地胜任一切"为理念设计制度。要让制度生效，卓越服务必须是常态，你不能要求员工额外牺牲。要做到这点，你必须设计一套模式，让所有员工——不只是优秀员工，别无选择余地，只能将提供卓越的服务视为例行公事。只要建立一套独一无二的制度，你就能做到。说白了，一流服务不是靠少数几位优秀员工连轴转来实现的，而是靠一套让每个人都能表现卓越的制度，那才是可获利、可永续经营、可持续发展的唯一保障。

——弗朗西丝·弗雷 安妮·莫里斯

四　顾客管理系统

如果你有办法让顾客参与打造别出心裁的服务体验，他们一定会因此爱上你。然而，这也代表你必然会遇到一些特别的挑战，你最好事先有所准备。顾客的参与需要特定的训练和工具。要协助他们使用这些工具，你得提供指导和协助，换句话说，就是管理。

一家公司提供的服务品质如何，有很大部分取决于顾客，从顾客的行为上会有所体现。例如：

◎ 如果有人排队点快餐，花了5分钟才选好点什么菜，那么其他排队等候的人，就会感觉"快餐不快"，从而心情更糟。

◎ 如果来找你咨询的顾客，无法清楚描述自己的需求，他们最后得到的建议当然不可能很明确。

◎如果餐厅里客人占着座位不走，慢条斯理地品尝饭后的浓咖啡，那么势必会影响下一组预约客人的等候体验。

顾客不只是消费服务，在提供服务上他们也有积极作用。把顾客定位为"顾客业务员"是描述这个现象的方法之一。如果你够精明，甚至可以想到办法让顾客出力，使他们的整体服务体验好上加好。这是一项挑战，因为顾客不稳定、不熟练，并且有"花钱是大爷"的心理，所以，你一定要放轻松，毕竟不用付他们工资或退休金。

不管从哪个方面看，顾客都是变数，管理这种变数只有两种方法：或是减少（限制他们的选择），或是满足（积极迎合所有变数和个人喜好）。减少变数有助于提高业务效率，而满足变数则有助于提升服务，通常要花费更多成本。在这两种理想状态之间，永远呈现出紧张的关系，这是服务业活生生的事实。许多公司以自助服务的方法解决这个问题，让顾客自己去寻找喜好和节奏的平衡。

关键思维

　　自助服务免除了复杂、低效的员工调度和大批（且昂贵的）备用人力。让顾客接手，等于是在需要的时候，立刻能补上充足的劳力，并提供恰如其分的服务。我们借此想表达的重点很简单：顾客可以严重弱化你的作业。因此当我们听到"顾客永远是对的"或认为卓越服务就是取悦顾客时，我们不敢苟同。把顾客高高捧着或迎合他们的每个愿望，这种做法维持不了太久。你需要建立一套让卓越服务成为常态的制度来取而代之，像管理员工一样去管理你的顾客，一点也马虎不得。

　　　　　　　　　　——弗朗西丝·弗雷　安妮·莫里斯

　　你的服务事业越依赖"顾客业务员"的参

与，就越需要有效管理他们。如同员工管理，成功的顾客管理系统也有4个组成部分，即顾客选择、教育、工作设计和绩效管理。

那么，究竟要如何着手管理你的顾客呢？一般分成3个阶段：

（1）从取得主导权开始——厘清现有顾客如何影响目前提供的服务品质，并确认你可以做什么引领他们迈向正确方向。幸运的是，最好的分析资料就在眼前。你可以马上与顾客交谈，了解他们的想法。不要做任何假设，让顾客直接表明他们的想法。你可能会发现，你完全错估了他们的看法，而不得不去修改甚至推翻你的假设：把你的假设全部搬出来，让它们一一接受真实世界的考验。

（2）接下来，开始让顾客积极参与——邀请他们提出建议，协助改善既有的流程。你可以让顾客进入你的设计团队，或以其他方式达成合作，总之就是要"招顾客入伙"。充分了解并分析顾客在抱怨什么，找出可能需要明显改变甚至脱胎换骨的服务模式。

（3）打造顾客，让他们成为所提供服务的中心生产者——想方设法让他们贡献才智和努力。eBay和维基百科是这种做法的精彩典范，顾客群不仅使用服务，还协助发展和监督服务，其他许多公司也争相效仿。短袖圆领衫公司Threadless根据顾客投票决定圆领衫的设计方式。凯悦大饭店让顾客参与专业和业余旅游机构发布的旅游资讯评比。财捷公司让用户参与经营他们的客户论坛，还招募志愿者支持售后服务。当顾客有渠道去做这些事，就会产生一种强大的归属感和主人翁意识。这种方法有好处也有风险，但总体而言，还是值得一试。

关键思维

在追求卓越的道路上，每家公司不可避免都要面对改变顾客行为。有时是个大转变，有时只是稍做调整，每个成功的服务业都经历过此挑战。当你发现自己处在瓶颈，你有两个选择：改变顾客行为，让他们因此恨你；或者相反，改变他们的行为，换来他们更喜欢你。伟大的公司完美地实现了后者。

——弗朗西丝·弗雷　安妮·莫里斯

关于让顾客打造（不只是消费）你的服务体验，务必要思考清楚。换句话说，你还需要一套管理顾客的计划。以制造车间作比喻，提供服务的特殊挑战是，你的顾客经常来到车间内闲逛——无预警地在流水线上手忙脚乱胡做一通。要成功，不仅仅是让他们别惹麻烦，还必须让他们在流水线上发挥生产力。要做到这点，顾客需要训练、指导、戴防护眼罩，以及其他更多。

——弗朗西丝·弗雷　安妮·莫里斯

五　整合

要提供关键的服务，必须从一个能强化和放大你愿望的企业文化着手。企业文化会进一步增强你的思考与作为：

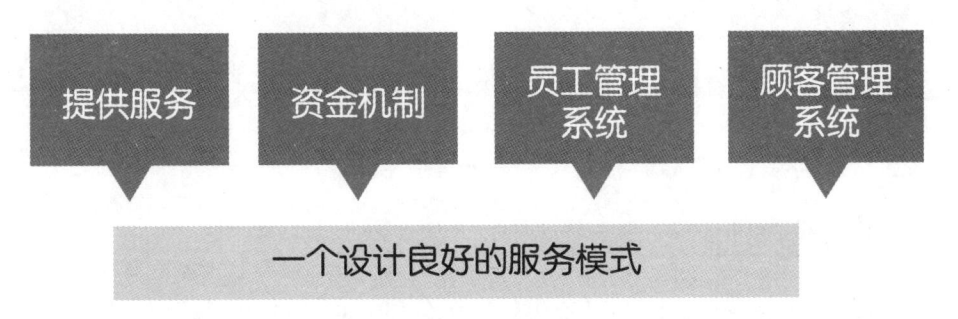

| 提供服务 | 资金机制 | 员工管理系统 | 顾客管理系统 |

一个设计良好的服务模式

当你做好了提供适当服务的准备，你的资金机制就绪，同时你的员工和顾客管理系统也已展开运作，一个设计良好的服务模式便完成了。此时能赋予服务模式生命并付诸实践运作的关键元素是你的员工，更准确地说是你的员工之间如何互动，即你的企业文化。

关键思维

光设计好服务模式还不够。非同凡响的卓越服务，必须兼具一流的组织设计和追求卓越服务的企业文化。思考这件事的基本方法是：卓越的服务是设计和文化相结合的产物。

——弗朗西丝·弗雷、安妮·莫里斯

说到文化，有一种非常简单的关系可以表达：

卓越的服务＝设计×文化

你的文化可以将服务的影响和效果加倍。在伟大的企业里，服务设计以及赋予其生命的文化两者目标一致、相辅相成。

卓越的文化有3大基石：

1. 内容清晰
2. 信号明确
3. 贯彻一致

卓越的文化

（1）一流的服务业会一再阐明企业文化，因为这是成功的保障。

以捷步为例。公司总裁兼 CEO 谢家华只要有机会都会一再清楚阐述公司的文化。捷步甚至出版年鉴，即《捷步文化书》，内含员工、供应商和顾客所写的数百篇即兴评论和文章，描述公司文化及其如何影响他们的日常工作。捷步企业文化有 10 个核心要点：

◎ 以服务带给顾客惊喜。

◎ 接受并推动变革。

◎ 创造乐趣和一点点古怪。

◎ 勇于冒险、创新和发散思维。

◎ 追求成长和不断学习。

◎ 以沟通建立开放和真诚的关系。

◎ 建立积极的团队和同舟共济的精神。

◎力求事半功倍。

◎要有热情和决心。

◎要谦虚。

（2）一流的服务业善于释放能体现公司文化的准则和价值观信号。

美国捷蓝航空公司创始人大卫·尼尔曼每个月会搭上一架自家航班，像乘务员一样穿上围裙，给乘客端咖啡，以此来展现捷蓝的信条"重拾空中旅行的人文精神"，并向大家传达公司主管的言行一致。还有一些公司则是以令人难忘的方式让新进员工很快感受到企业文化。再次以捷步为例，他们有为期4周的基本训练。过了第3周，所有新进员工会收到一笔被戏称为"出价"的钱——给你2000美元，如果你决定不留在捷步而转投别家公司，一句话也不会多问，就收下这"出价"的2000美元。只有极少数人收下这笔钱，因为到了这个时候，他们早已经历了捷步主流文化的多次洗礼，充分认识了这是一家怎样的公司。如果有人把眼前的现金看得比加入捷步的机会还要重要，那么付出这笔钱认清楚一个人也是值得的。顶尖的服务业通常会暗示它们需要的员工条件，这种信号往往很早就出现，且不断闪现。

（3）一流的服务业用心维护企业文化的一致性，并且让公司的策略、结构、运营与他们渴望的文化密切配合。换句话说，他们让员工更容易说到做到。

梅奥诊所可谓世界一流的医疗服务机构，它对员工的要求很简单，只强调工作人员不断专注一个问题："这样做对患者究竟好不好？"同样，与多数企业计算员工1个小时可以接多少通电话的做法不同，捷步的客服中心没有限制员工与顾客的交谈时间。每位员工都有最长通话时间的个人纪录，截至2011年初，全公司最长的通话时间达8小时之久。只要这个通话过程能最终给顾客带来满意和惊喜，捷步对此毫不在意。捷步有

甜蜜点撬动企业成长

一个鲜为人知的事实，该公司每年会裁掉表现垫底的10%员工。CEO谢家华说："你只有痛快解雇掉这些人，才能延续你对企业文化的承诺。"

关键思维

如果你只是传达一种价值观，却未能将它融入你的运营、政策、决策、资源分配，以及最终融入你的企业文化之中，那不过就是一堆没有生命的文字。

——格伦·福布斯，梅奥诊所前CEO

那么，你要如何实践和尝试改变你的企业文化？这个问题没有标准答案，许多公司在内化这种文化与绩效的关系中吃尽苦头，到头来还是难以避免侵蚀公司业绩目标的文化蔓延。但对许多公司来说，确实有3个关键问题有必要狠下功夫：

◎员工有哪些行为确实有问题？

◎促成他们这些行为的基本设想是什么？

◎我们可以开始做些什么，来改变这些设想？

关键思维

　　光让员工对这些问题发表意见就是一种对员工的授权，因为多数员工——即使是最高级主管，都认为企业文化是他们必须无条件接受的，而不是他们有权改变的。多数时候，问题出在好人办坏事，而不是坏人行为不当。对于坏人而言，即使改变企业文化也没用。负面情绪和不胜任的人必须被淘汰，因为他们不仅会伤害企业文化，而且留下他们更等于默许了他们的行为。反之，如果你有一群优秀员工，你也知道需要什么样的文化才能提供卓越服务，那么，你只需等好戏上场。既然如此，你究竟要如何着手进行呢？

　　——弗朗西丝·弗雷　安妮·莫里斯

　　当你掌握了卓越服务的要领，并在公司内养成了高效的企业文化，公司迟早"被迫"扩大。

压力可能来自股东，他们想要更高的回报，或者员工按捺不住，渴望挑战。逻辑上只有两种方式可以促进成长：

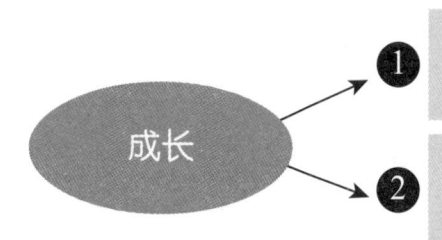

成长 →
① 扩大既有模式——做同样的事，但规模更大
② 开始做其他事情，变成多元化经营

这两种成长策略都可行，但各有挑战和思量。

（1）扩大既有的模式。若为新创事业，很少有公司会去操心如何优化，取而代之的是刚入行的斗志昂扬：你会想尽办法争取每个新顾客。即使顾客想要得到特别服务，你也愿意配合，进且客制化你的产品或服务。但迟早你会发现这种投机方式的局限，你开始思考：

◎ 我应该满足哪些顾客，无视哪些顾客？

◎ 我们如何把服务控制好并且一以贯之，而不是为了每位新顾客调整服务？

◎ 我们的最终目标是什么——为了开门做生意直到业务有起色，还是为了挂牌上市换取现金，抑或是为了改变世界？

维持多样特殊服务或产品会使作业日益复杂，且这一现象的影响会日益明显，进而突显出作业标准化更为合理。这是标准化的好时机，因为除了推行标准化，业务规模难以扩大。

关键思维

客制化的主要驱动力就是竭尽全力甚至毫无原则地试图满足和取悦顾客。当然，问题的答案不是去忽视他们，而是有策略地去聆听和取舍，并且在必要处才客制化。必须在你能提供真正价值并有所回报之时才去客制化，同时不能搅乱你的作业——绝不是为了讨好个别顾客，兴师动众忙坏员工、牺牲股东和忽略其他顾客。

——弗朗西丝·弗雷　安妮·莫里斯

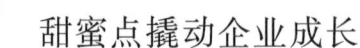

在提供客制化产品与更有效的标准化供应链之间，维持适当平衡之道就是在销售点上提供客制化服务，并保证有高效的供应链给予支持。在保证产品本质是最大标准化的同时，顾客可以根据个人喜好稍做装饰性的调整。这也就是俗称的"大众化定制"。卖墨西哥卷饼的餐厅 Chipotle 是个好例子，顾客可以自己决定豆、米、肉、菜、调味酱和玉米饼的搭配。2011 年，Chipotle 卖出近 20 亿个定制化的墨西哥卷饼。

关键思维

我们想说的是不要靠"顾客意见箱"来做生意。它也许在一开始效果不错，但这里有个玄机：顾客通常不知道他们提出的要求会造成什么连锁反应。这是你的义务——对他们和对你都是，把他们的要求纳入整体思考，评估在扩大服务上该如何取舍。

——弗朗西丝·弗雷　安妮·莫里斯

甜蜜点服务

根据我们的经验，能做到成功快速成长的公司都有个特点，就是不断找出什么东西行不通。这些公司在确认或讨论问题上，没有立场冲突。他们热烈拥抱问题，开诚布公地交换意见，把问题看作机会。你怎样对待公司中发现问题的员工？当你成了最常发表意见的人，受到了怎样的待遇？"不要告诉我问题，除非你有解决方案"这是美国管理剧剧本上最危险的一句话，它只会造成成长缓慢并阻止潜力发挥。事实上，我们开发了一个诊断的方法，可以用来评估一家公司的成长前景，亦即看CEO是否明确表示出欢迎坏消息的态度。我们发现这个判断方法准确得很。

——弗朗西丝·弗雷 安妮·莫里斯

（2）建立多元化经营服务模式。另一种扩展既有服务模式的方法就是，在你现有的组织结构中，建立多方位的服务模式——多元化经营。如果你发现目前的经营策略获利不高、操作复杂度不断提高且引来了比你更专精的竞争对手，那么，第二种促进成长的方法可能是最佳选择。

公司决定多元化经营往往是因为市场有所需求。你会发现当你满足了顾客需求，你的服务已多到泛滥。有的人是因为价格成为你的顾客，有的人是因为地点，还有的人则是因为特定的客制服务。你可能甚至不会注意到自己的动作变得笨重且缓慢，直到某个新商家以非常专注的服务模式加入市场，并且开始抢走你的顾客。

这时你的反应大概会是：

① 否认——你先是不把他们当一回事，而是挑出他们的"弱点"

② 愤怒——你最好的客户投向新商家，让你备感惊愕

③ 找理由——你认为丢掉一小块市场没什么大不了

④ 绝望——事情逐渐明朗，这些新商家不会消失

⑤ 接受——你接受现状并决定着手处理

事情很简单，就是越早走到第5阶段越好。回应新商家最强有力的方式通常是转型为多元经营——成立独立的业务单元或品牌，让每一个业

务单元在自己的细分市场中做到最好：把顾客在意的事情做得非常好，而顾客不在意之处则有所保留。最后你会发现，有一系列不同的服务模式并存于同一企业大伞之下。

美国百思买集团是成功做到这点的优秀案例。百思买收购玉兰品牌进入旗下，用以销售高端电子产品，它特别为玉兰的顾客打造了一个店中店。百思买的顾客一般是追求低价格、习惯自己动手、花费从 50 美元至小几千美元不等。玉兰则是销售超豪华的家庭娱乐系统，功能完善、设计先进且相对高价。因为在店内成立玉兰店面，百思买既可以在它的主要分店备有传统客户群喜欢的产品，也可以存放诉求较小的高端产品。

这里的重点是：尽管百思买和玉兰共享许多后端作业流程，然而顾客会享受到非常不同的品牌体验。以这种方式结合不同的服务模式，甚至共享相同的零售地点，百思买和玉兰可以做到的规模经济，是二者作为两家独立的公司很难达到的，实现了"1＋1＞2"的效果。

另一种可行的多元化服务模式是把公司在某项生意上的经验用到另一项业务上，以强化其运营绩效。与其说这样做是实现规模经济，不如说是传递经济体验。当百事公司拥有必胜客、塔可钟和肯德基品牌时，它们作为独立企业运作，并彼此相互积极竞争。而当百胜收购这些品牌，并进一步将海客滋与艾德熊两家餐厅纳入旗下时，这些业务单元成为"一家兄弟"，分享彼此的经营心得。这几家公司甚至停止互相抢占好地点和哄抬价格，并整合采购以取得更好的折扣。各公司也分享他们的特许经营经验，因此最佳经营方式广为流传。

建立多元化经营模式，有时会有两个潜在的绊脚石：

（1）很难知道在何处划分界线——弄清楚哪个旗下事业应独享一些资源和功能，而哪些事业应合并共享一些服务。品牌经理会想尽办法掌控自己的命运，而共享服务的经理则一切以规模经济为先，以求提高获利。要做到适度的平衡，全靠主管作出决断，而且必须明确且果断地表明决定。

（2）若共享的服务不是最好的，"摊"到此服务的内部人员会大感愤慨——担心被"强迫平庸"。关键当然是要扩大卓越服务而不是复制平庸。这时你要做的是把一个成功的服务模式融入到充满活力和不断成长的企业，以多元模式提供非凡的价值。人人渴望成功，没有人应该被迫容忍无竞争力的品质或不切实际的定价。

关键思维

服务业让人抓狂的地方是他们让你自欺欺人——你变得自以为无所不能，开始把问题推向员工，或者侥幸认为顾客不会注意到你未实现当初的承诺。这样做的代价不是失败，至少失败未排在第一位——而最易见到的是顽固和不够好的平庸。诚实是解药。通往非同凡响的服务之路需要坦诚面对自我，虽然这么做有时很痛苦。我们的目的是帮你拿起镜子看清自己与公司。如果你没有无视这一点，我们就很看好你，相信你能脱颖而出。常有人问我们应该从何处开始。我们的建议是先相信一个可能的现实，那就是平凡的人也能打造出拥有不凡价值的未来。你必须相信这个可能，并且无畏地审视你离这个现实还有多远。

——弗朗西丝·弗雷　安妮·莫里斯

销售带动成长
被顶尖销售领袖证实有效的成长全攻略

Sales Growth

Five Proven Strategies From the World's Sales Leaders

原著作者简介

托马斯·鲍姆加特纳（Thomas Baumgartner），麦肯锡咨询公司维也纳分公司合伙人。参与领导麦肯锡的全球销售渠道工作，善于在高科技、电子、运输、电信和消费产品等特定领域向客户提供专业的调研分析和咨询方案。毕业于维也纳商业经济大学。

贺马永·哈塔米（Homayoun Hatami），麦肯锡咨询公司巴黎分公司合伙人。参与领导麦肯锡的销售成长工作，负责召开麦肯锡的首席营销与销售领袖论坛，并在高科技和电信产业领域提供客户服务。毕业于巴黎中央理工学院与麻省理工大学斯隆商学院。

乔恩·范德·亚克（Jon Vander Ark），麦肯锡咨询公司底特律分公司合伙人。参与领导麦肯锡的销售成长工作。精于旅游、汽车、工业和耐用消费品等行业的销售渠道管理。经常受邀在产业论坛以及销售和营销会议上发表演讲。毕业于美国加尔文学院和哈佛大学法学院。

本文编译：乐为良

主要内容

主 题 看 板	紧抓每一个成长机会 /103
5 分钟摘要	销售的科学 /105
轻松读大师	一　早一步抓到成长机会 /107
	二　利用、发挥多元渠道效益 /116
	三　以销售和科技为成长引擎 /130
	四　兼顾短期与长期的平衡发展 /136
	五　以变革征服市场 /142

主题看板

紧抓每一个成长机会

销售数据才是企业经营的王道。在分析了超过千家的欧美成功企业,访问了超过120位成功的高级销售主管后,作者得出结论:紧抓每一个成长机会才是持续成长的关键。

从时间上来看,这些收获不俗成长业绩的经理人,无一例外为积极成长蓄势待发:他们提早规划,洞察趋势,当竞争对手刚察觉市场动向时,他们已经搭上成长的快车。同时,他们不仅追求短期内的成长,也统筹兼顾未来长期的成长布局,长短期战术交互运用,让成长动能持续不断。

从空间上来看,卓越的销售主管善于采用多元销售渠道,对各种可能的销售渠道、利基小众"一视同仁":涉水新近崛起的数码渠道;通过并

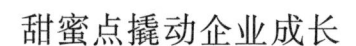

购合作伙伴取得更多掌控权；直接接触市场与消费者。他们更积极进入新兴市场，直接开发和打造更广袤的成长基地。

为了追求成长，卓越的销售主管会跨出舒适圈迎接挑战。他们会积极简化销售作业以提高效率；接受并积极运用能够增加销售业绩的新科技手段；当面对变革时，他们勇于担当，献计献策，责无旁贷。

卓越的销售主管毫不松懈地在每一个环节都种下成长的种子，因为他们知道，销售的良机稍纵即逝，如果无法紧锁成长的目标，随时都可能与成长失之交臂，而企业无法忽略的首要成本就是时间，只有抓住每一个成长机会，才能够真正获得成长。

5分钟摘要

销售的科学

人们经常谈论"销售的艺术",但我们访问过的所有高级销售主管均声称,在他们的制胜天平中,比重更大的是科学而非艺术。这些领导人以数据分析来权衡并决定上市方式、销售流程、渠道、技术、人才和领导。

今天的市场显然要求公司在销售上做到好上加好。麦肯锡咨询公司的三位负责人在研究分析了1000家欧美领先企业后发现,较之于提高生产力或运营效率,如果企业能更专注于促成销售成长,那么超过半数以上的公司可以创造更大的价值。公司一旦达成15%的资本回报率分水岭,即可放缓改善资本回报率,而转向提高其收益成长,这样能创造出更高的股东价值。

也就是说,今天征服市场的最好方式是将销

售置于成长计划的核心。基于对 100 多家全球大型公司为期 5 年的研究，我们发现，在成长和盈利能力上，这些公司的表现长期优于同行业，并可从中总结出这些公司推动和维持业绩成长的 5 个必胜战术：

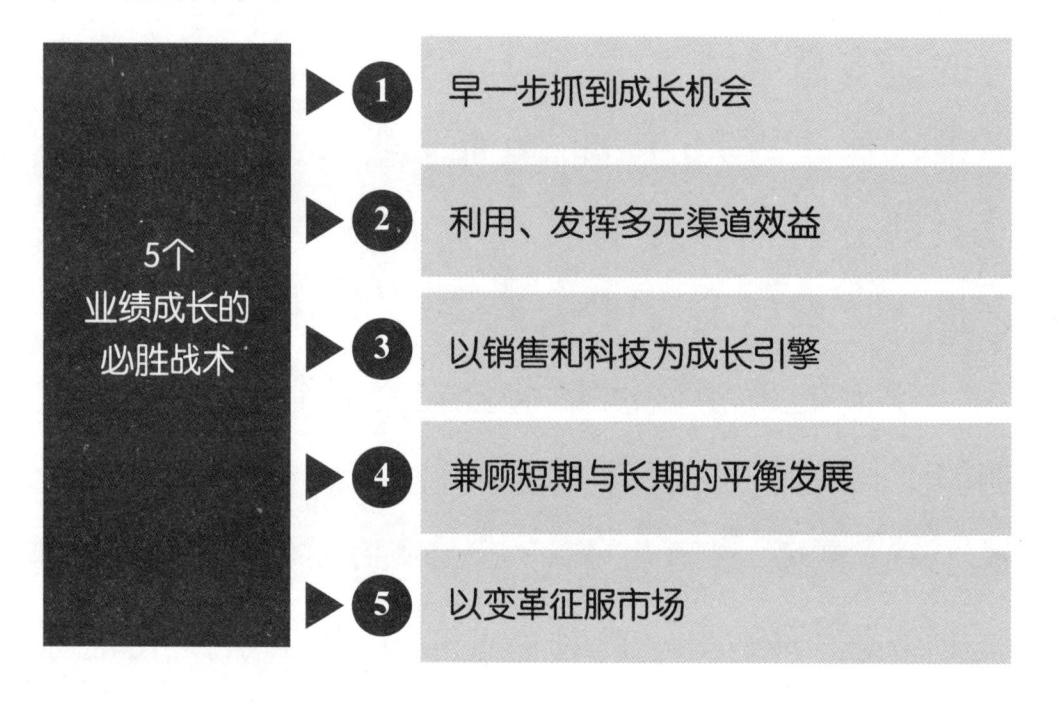

5个业绩成长的必胜战术		
▶	1	早一步抓到成长机会
▶	2	利用、发挥多元渠道效益
▶	3	以销售和科技为成长引擎
▶	4	兼顾短期与长期的平衡发展
▶	5	以变革征服市场

轻松读大师

一 早一步抓到成长机会

想扩大销售，要先有成长的胃口才行，并且需要为成长勾勒其未来所系。

攻略 1 往前看 10 季

提到业绩成长，一流公司会做相互关联的 3 件事，以捕获、利用前瞻性思维：

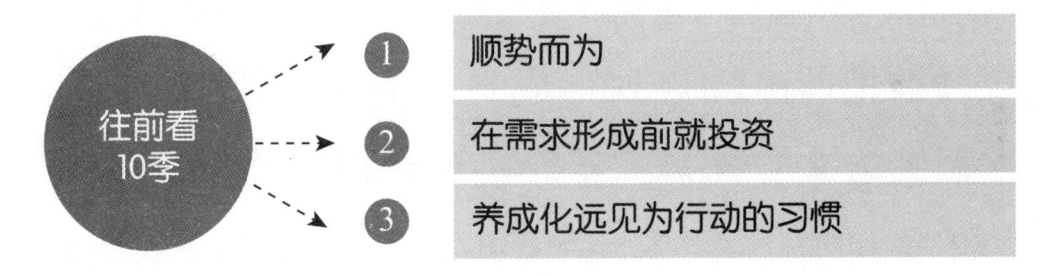

往前看10季		
	①	顺势而为
	②	在需求形成前就投资
	③	养成化远见为行动的习惯

（1）顺势而为——卓越的销售领袖很清楚未来趋势，并设法让自己站上有利的位置。例如，大家都知道云计算在未来潜力无穷。因此，聪明的销售领袖针对小型企业推出"用多少、付多少"的商业模式，充分利用云计算的优势。他们

认为自己必须知道即将到来的趋势，以及未来它将对顾客和产业造成什么影响。

（2）在需求形成前就投资——销售领袖有前瞻性的投资计划，他们把投资新的发展机遇当成年度预算项目之一。他们事前就投入销售能力的组建，所以当需求出现时，他们已经万事俱备，可以随时展开行动。许多高层主管在年度产能规划上，即明确列出对新成长机会的投资，并允许以2％～4％的整体销售预算促成此目的。

（3）养成化远见为行动的习惯——成功的销售领袖把前瞻性规划当成自己的工作职责。他们能洞悉未来12～18个月或更长时间内可能出现的销售机会，并把公司放在抢占这些机会的有利位置。他们在销售上有非常前瞻性的做法，并拥有使公信度锦上添花的成功记录。通过掌握先机，他们便能超越那些只知被动反应市场变革和演进的竞争者。

关键思维

打造、维持观察市场的前瞻性能力并不容易。在研究各行各业的销售高手后,我们发现,建立前瞻性观察能力需要具备两个要素:销售领袖的心态和投入的资源。销售领袖必须持续关注宏观环境以寻找销售机会。面对手头短期目标的无情压力,即使是杰出的销售领袖也认为控制好心态充满挑战,这也是为什么资源承诺如此重要的原因。

——鲍姆加特纳 哈塔米 亚克

攻略2　从表象下挖宝

成功的销售领袖热衷于"脚下求宝":即在自己身边探索可能的成长契机,即使在一个看起来非常成熟的市场也一样。这种细分市场的成长探索方式,一般要做3件事:

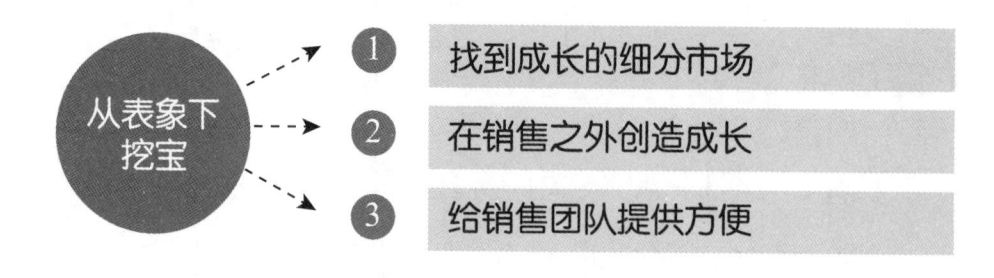

从表象下挖宝
- 1 找到成长的细分市场
- 2 在销售之外创造成长
- 3 给销售团队提供方便

（1）找到成长的细分市场——许多公司的成长是通过把大块市场切割成细分市场，然后找出哪些利基市场有潜在成长趋势，并抓住势不可当的机会。换种方式来说，笼统概括的方法一般不会形成最有利可图的热销点。销售领袖往往会切割他们的市场，找出最有机会的地方，然后努力把产品卖到这些细分市场。即找出最具吸引力的细分市场，并全力以赴。

（2）在销售之外创造成长——找到最具成长潜力的细分市场后，就要把洞悉成果化为销售成果，这往往需要组织其他部门参与。跨部门的通力合作是发挥成长潜力的关键。以欧洲某家电信公司为例，它在非常详细地分析客户数据后，根据客户价值定位其独特属性，再制订出定制化产品方案，进而让客服人员推销给打电话进来寻找服务支持的客户。6个星期后，客服中心的收入提高35％。把打进来的电话转换成销售机会的做法，之前从未尝试过，但的确是个大家"眼皮底下"的成长机会，只要其他部门积极参与和协作，自然水到渠成。

（3）给销售团队提供方便——某家公司发现它最好的业务员把75％的时间花在成交机会不到25％的辖区。为什么如此埋没人才呢？因为销售辖区的分配一向是靠历史业绩，而非即时的成长预期。把该业务员的辖区调整到有75％机会的地方后，她的业绩数字直线上蹿。开拓细分市场来促进成长的做法，必须尽量降低复杂性。在尽可能的情况下，制作一个简单的告示板，让销售团队了解关键指标，并立即做出反应。最理想的状况是，你可以让业务员根据告示板上的状况，快速敲定推销决策。

甜蜜点撬动企业成长

关键思维

细分市场策略能为销售领袖提供强有力的方法，使其抢先竞争对手找到成长契机。我们访问过的销售领袖涉及各种产业，但无一不同意这种精细化的成长方法是决定竞争成败，以及化远见为行动的根本要素。最成功的销售领袖十分热衷于开采"藏在脚下"、潜伏于成熟市场里的成长资源。

——鲍姆加特纳 哈塔米 亚克

攻略3 从数据中寻求成长

在信息爆炸的年代，海量数据的触手可及常使销售领袖大喊吃不消，但真实情况是，海量数据蕴含着生成无数见解的潜能，每一个潜能都是可以带动销售的火花。

大数据对销售管理有什么意义呢？它超越传统的客户关系管理工具，能帮助进行细分市场区分、情感分析、定制化交叉销售等，在智能手机

销售带动成长

和其他移动装置兴起后还能进行地理定位销售（例如，根据消费者的地理位置，提供即时的产品或服务）。

——鲍姆加特纳 哈塔米 亚克

几条"变数据为收益"的建议如下：

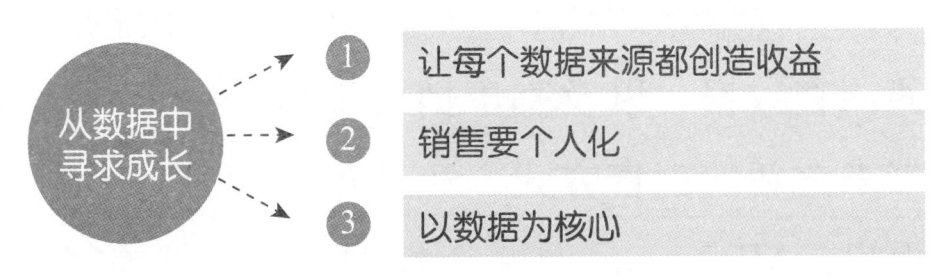

从数据中寻求成长
1. 让每个数据来源都创造收益
2. 销售要个人化
3. 以数据为核心

（1）让每个数据来源都创造收益——创造更多机会让客户向你提供他们的数据资料。尽可能与外部供应商结盟，然后努力从他们的数据分析中得出一些见解。甚至一些非正统的数据来源，如社交网站上的闲聊也可能帮得上忙，前提是理解他们在说什么。访问供应商的数据也可能获得一些有用的顾客喜好资料。

（2）销售要个人化——进行精密的细分市场分析，提出定制化的销售建议和做法，精确满足顾客的需求。使用数据预测客户的动向，从而制订顾客激励方案使顾客再次上门。亚马逊网上书店的"买此项产品的顾客也买了……"推荐链接即是一个极其成功的范例，一般认为它带来了20%~30%的销售增长。

（3）以数据为核心——充分运用系统的成长机遇调查数据，以及基于销售策略的决策。这可能带来全新的销售方式，让公司从竞争对手中脱颖而出。Mint.com 是一个好例子，它是美国 Intuit 公司个人理财的子公司。Mint.com 向 Intuit 的 500 万顾客提供一项免费服务，帮助他们集结自己所有的金融账户，甚至包括其他银行管理的产品。如果顾客有现金存放在数个账户却不见明显的利息生成，Mint.com 会提醒顾客注意，并建议顾客把现金汇集成获利较理想的单一账户，Mint.com 也因此赚取了一些服务佣金。如果顾客的消费和储蓄模式尚未参保，Mint.com 也会提出保险建议，而保险公司会付给 Mint.com 撮合佣金。这个做法就是充分利用大数据，提出新的销售方案，用以强化现有的销售关系并提出新的销售模式。

二 利用、发挥多元渠道效益

如果你渴望成长,你很快就会发现,把产品和服务卖给顾客是唯一重要的事。成长型企业总是竭尽所能以顾客想要的方式,把东西卖给他们。

攻略4 运用多元渠道

懂得运用多元渠道的公司通常有更高的获利和更大的收益成长。多元渠道管理看起来一目了然,但由于顾客彼此差异极大,实际操作上有一定难度。运用多元渠道的关键是:

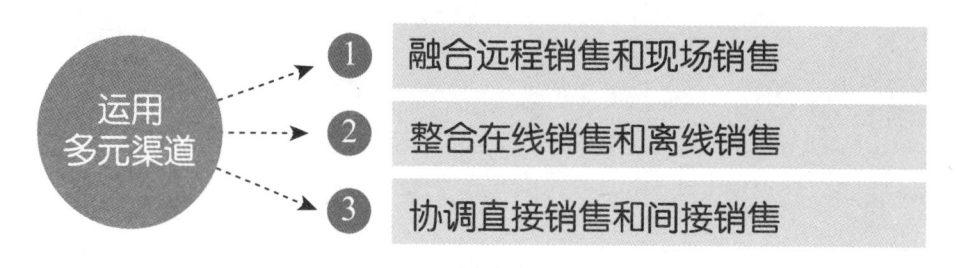

运用多元渠道
1. 融合远程销售和现场销售
2. 整合在线销售和离线销售
3. 协调直接销售和间接销售

(1)融合远程销售和现场销售——远程销售

似乎是服务小型客户的最好方式,但你会发现一些大型客户也偏好这种方式。让客户选择想要与你互动的频率,以及是否愿意自己动手处理某些情况。做好这项高度动能化的工作,你的生产力也可大幅提升。

(2)整合在线销售和离线销售——今天的消费者希望能利用多种渠道来购物。许多零售商正在他们的店面增设网络资讯站来带动成长,并通过连上网络的销售点终端机,让客户可以自助订购没有库存的产品或使用折扣优惠。只要每种渠道都能支持并加强整体品牌体验,就代表这样的渠道多多益善。

(3)协调直接销售和间接销售——公司有时很难作出把高价值的客户交给合作伙伴的决定,但往往这是一件值得做的聪明之举。直销模式并不一定永远最好,因为有时合作伙伴更适合特定市场区域的销售。例如,在产品上市初期,让客户直接与公司往来,然后,在产品周期的后段,再让合作伙伴参与进来,这就是比较好的安排。客户服务渠道也必须加入这样的组合,因为客服团队通常对客户的需求了如指掌,亦与他们接触频繁,所以容易取得客户的信任,进而带来更多的销售。

关键思维

今天,几乎没有公司只局限于一个销售渠道。但经营多元渠道和多元渠道管理不是一回事,多元渠道管理追求的是通过优化组合,发挥可选渠道的最大好处。多元渠道管理能在实现服务成本最佳化的同时,向客户提供购物的惬意体验并提高客户忠诚度。

——鲍姆加特纳 哈塔米 亚克

攻略5 善用数字营销

当公司整合数字营销渠道与传统销售渠道时,最具创新的成长就出现了。数字营销渠道在近年来已经成为龙头企业成长的主要驱动力。简单来说，当今 2/3 的贸易成交中均涉及数字营销，包括网上咨询、价格比较和购买。数字营销和受数字影响的营销，两者都以惊人的速度成长。

那么你要如何成就数字时代的成功故事？以下是一些点子：

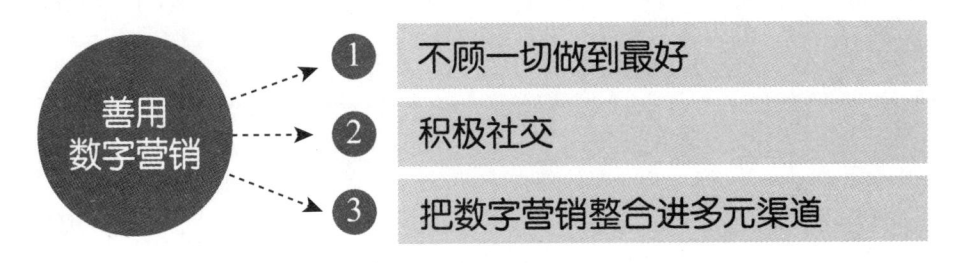

善用数字营销
1. 不顾一切做到最好
2. 积极社交
3. 把数字营销整合进多元渠道

（1）不顾一切做到最好——持续监测和调整你在网上的一举一动，一切以促进销售并且建立顾客忠诚度为目标。持续寻找更好的方式吸引顾客。网上销售的最终成败取决于网站流量、初笔交易是否容易完成，以及接下来的交叉销售和追加销售。要持续努力寻找新的、更好的方式来做每一件事。

（2）积极社交——社交媒体刚开始可能只是一个边缘活动，但现在已经成为世界主宰。脸书、推特和 YouTube 拉高了大众参与热度，也形成了一些高度有效的个人认可。社交媒体有点像吃了大补丸的口碑，所以你必须设法使用这个口碑来吸引顾客，并帮助他们做出复杂的购买决定。除"点赞"之外，销售领袖正设法运用社交媒体带来实际收入。请试验并不断尝试新点子。

（3）把数字营销整合进多元渠道——数字营销渠道以其新意抓住了相当多的目光聚焦，许多销售领袖发现，数字渠道的最大好处是它刷新了传统销售渠道的效益。德国默克公司在这方面有些有趣的尝试。它在网站上推出治疗糖尿病的新药佳糖维，并链接到客服中心。还以佳糖维为切入点组建网上研讨会。销售人员随后拜访加入研讨会的医师们，借助他们的专业权威推广产品。仅仅 1 个月，佳糖维即取得糖尿病新处方的 14% 市场占有率。如果你精于数字操控，并有意用它

销售带动成长

大展宏图，数字营销一定会给你带来不凡的业绩。

关键思维

考虑数字销售策略时，不妨自问：若是小贾斯汀会怎么做？加拿大歌手小贾斯汀从"母亲的客厅沙发"上一跃成为国际巨星，他母亲录制了小贾斯汀在沙发上演奏的第一首歌，并上传到YouTube。这段视频很快就像病毒一样蔓延，继而引入专业管理，被打造成网上销售的成功典范：4000万人成为他脸书上的粉丝，1400万人追踪他的推特，粉丝们在MySpace试听他的音乐超过1亿次，iTunes和其他网上音乐商店，仅2010年就销售出小贾斯汀2300万首曲目。也许听起来有点牵强附会，但塑造小贾斯汀成为全球少女追捧的明星的手法，也适用于B2C和B2B销售。

——鲍姆加特纳　哈塔米　亚克

攻略6 建立直销渠道

现在，光是掌握 B2B 或 B2C 的直销模式已远远不够。世界顶级销售员都在使用新的数字工具，重新塑造直销渠道。各产业的处理方式差异很大，但这些做法的共同基调是：在最佳客户身上超额投资。他们不断想出新招或更好的方法奖励、刺激客户，并且吸引适当的潜在客户参与。

你应该跟着顶级销售员尝试做些什么呢？至少有 3 个方向值得探讨：

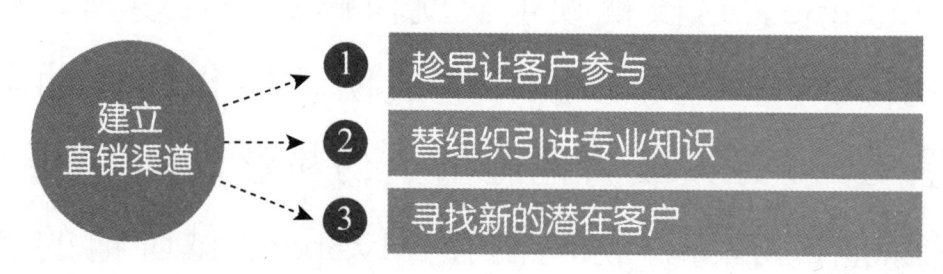

建立直销渠道
1. 趁早让客户参与
2. 替组织引进专业知识
3. 寻找新的潜在客户

（1）趁早让客户参与——不要只是提出问题，要与潜在客户坐下来，开始讨论如何调整你的产品和服务，以解决他们的问题。花更多时间弄清楚他们需要什么，并以更少的时间介绍自己的产品，你会发现成功率将明显提升。如果情况允许，让他们测试正在开发的产品。他们可能会反馈一些很好的意见，从而引导正在进行的开发，客户也能顺理成章地成为他们协助开发产品的热情拥护者。

（2）替组织引进专业知识——一定要确保潜在客户在正确的时机和公司团队中适当的人对话，伟大的产品不是坐等客户来买。另外，知识是伟大的销售工具。设法帮助业务员对他们卖的东西多懂一点，他们就能卖出更多。当公司进行一项可能的大交易时，一定要靠集体努力，让最好的工程师、技术专家、支持人员等合力促成这项交易。

（3）寻找新的潜在客户——想要实现销售成长，一定要先找到潜在目标，接着再争取他们成为新客户。然而，销售员有个通病，就是当他们争取到一个大客户，并能持续在接下来的销售中坐享其成时，他们往往有些"好逸恶劳"，不会再全力去争取新客户。要平衡这点，就必须设法让销售员感到紧迫且充满干劲。某家公司在每一季度都会指定一天，让整个销售队伍撇开手头上的客户，并用一整天的时间，去游说8～10位新的潜在客户。有的公司则讲究分工，指定几位业务员为"猎人"，其余为"农夫"，用意就是让"猎人"去"捕获"客户，再把这些客户转给"农夫"去"开垦"和维护。如此一来，"猎人"就可以专注在最擅长的事上——寻找新业务。

关键思维

　　创意就是想出新东西，创新就是做出新事物。

　　　　——西奥多·莱维特，营销大师

　　世界一流的销售高手把创新思维模式融入直销渠道。许多卓越公司已经找到方法，把绝佳的客户体验与销售机遇融为一体。

　　　　——鲍姆加特纳　哈塔米　亚克

攻略 7　投资合作伙伴

直接销售和间接销售用的是截然不同的商业模式，很难同时兼顾，因为两种渠道遇到的问题各不相同：

供应商希望从合作伙伴处得到什么	合作伙伴希望从供应商处得到什么
市场能见度	更好的利润和回报
成长计划	简化产品种类
成效和专业知识	无资产重复
附加价值	明确的目标细分市场
新客户	销售合作
清楚的角色定位	更好的工具和培训

即便挑战重重，但若能紧密结合直接销售和间接销售，也将非常有利可图。许多公司因此提高了 10%～20% 的收入，同时又减少了 5%～10% 的销售成本。管理直接渠道和间接渠道的关键即是投资合作伙伴：

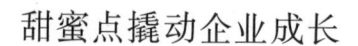

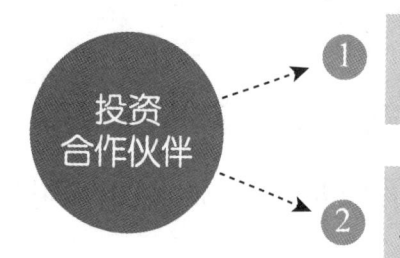

```
投资        ①  把合作伙伴当作销售团队的扩充
合作伙伴
            ②  直面渠道冲突并促成合作伙伴升级
```

（1）把合作伙伴当作销售团队的扩充——一些公司在面对合作伙伴时，会有"用完就丢"的心态。一流的销售机构则刚好相反，它们会努力帮助改善合作伙伴的表现。如果你不把与合作伙伴的关系视作博弈，而是双赢关系，那么好事就会发生。专心与合适的伙伴共创"真正的伙伴关系"，而不是局限于表面合作，那么伙伴关系将会走得更远。

（2）直面渠道冲突并促成合作伙伴升级——销售领袖会努力让不同销售渠道间保持适当的平衡。你必须不断给合作伙伴挑战，促成他们不断升级。如果你回报给那些成功的合作伙伴更多的支持和培训，他们的表现水平就可能得到提升。要主动避开自己的销售团队与渠道伙伴直接竞争的领域。务实和现实很重要。试着预想不可避免的冲突,然后尽可能减轻其影响。

关键思维

合则无事不能,分则万般皆输。

——丘吉尔,英国前首相

攻略 8 加入新兴市场

加入新兴市场可以带来绝佳的成长率。你可以学着像内行人一样思考,市场即可有绝佳的成长率——此亦寻找合适伙伴的关键。

要加快在新兴市场的销售成长,有 3 大要素:

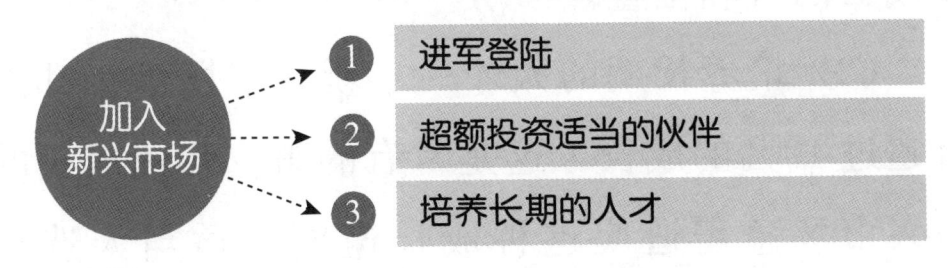

加入新兴市场		
	1	进军登陆
	2	超额投资适当的伙伴
	3	培养长期的人才

(1) 进军登陆——有专家献策固然很好,但涉及新兴市场时,最好的进入方式就是取得市场运作的第一手经验——大概了解进入这个市场的

困难、机遇和现实。不管什么市场，一定有最高效的销售手法，除了亲力亲为，没有替代方案。如果够幸运，你进入新兴市场的初期努力，甚至可能改变接下来的游戏规则。提早加入，就可以把学习曲线往下降低。

（2）超额投资适当的伙伴——当你找到了适合共同经营新兴市场的伙伴——他和你有共同的价值观，并有适当的能力——就投资他。对此抱以长远眼光，即使你的努力可能几年下来都不会产生任何收入，也要帮助他们打造能力。趁早培养这些伙伴关系，当市场成长时，你便站稳了持续成长的有利位置。

（3）培养长期的人才——新兴市场年年都能有超过10%的成长，这是常有的事。飞速成长的新兴市场急需适应这种成长速度的适当人选加入，而这种内行人才也早被有意开发新兴市场的其他公司锁定。留住好人才的唯一方法就是提供健全的培训机会以及可靠的发展前途。如果你因为担心人才带着所学跳槽到对手公司，而对培养他们有所保留，那么你的情况已经岌岌可危。一定要确保你的人才伙伴有机会与你一起成长。

关键思维

　　新兴市场易于变动且有不可预测性，还使员工管理着实伤脑筋，也让销售经理严重分心。是的，消费者的情绪说变就变，新的竞争者可能一夜崛起，但最好的销售领袖能够宠辱不惊，不为一时狂热或虚假危机所动。他们努力平衡控制新兴市场下的侵略性和速度感，确保销售投资在一段时间后便会有所回报。新兴市场对许多销售领袖都是巨大的成长良机，在多数情况下，同样也是巨大的挑战。

　　　　　　　——鲍姆加特纳　哈塔米　亚克

甜蜜点撬动企业成长

三 以销售和科技为成长引擎

想要成长，就必得有个销售引擎，专门用来推进销售工作。精明的公司会利用一切可用的科技，使销售引擎锦上添花。

攻略9 调整销售作业追求成长

一些企业通过调整销售作业，使收益增长了10%～25%。调整销售作业通常涉及两个重点领域：

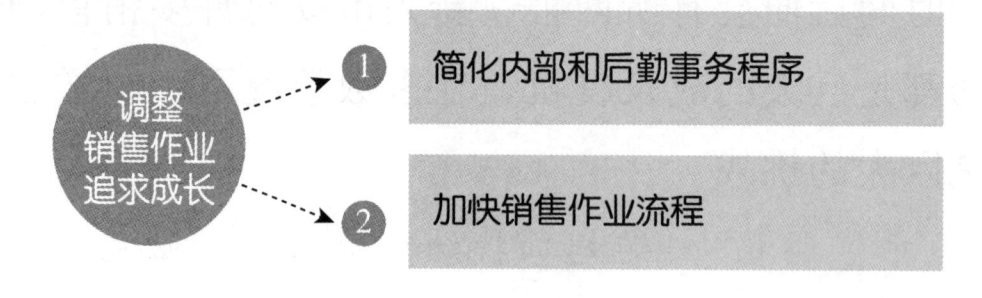

调整销售作业追求成长
1. 简化内部和后勤事务程序
2. 加快销售作业流程

（1）简化内部和后勤事务程序——让销售团队有更多时间去卖东西，虽然听起来理所当然，但让人吃惊的是，现实中竟然会有这么多公司要求他们的销售人员去做各种杂务，压缩他们直接面对客户的时间。如果你请业务员记下最近几天的时间是如何安排的，你可能对结果难以置信，有这么多时间在不知不觉中浪费掉了。他们花在分析、填写报告和制作一次性提案等事上的时间越多，花在销售的时间就越少。其实，只要把报告的准备标准化，而不是要求每次都从头做起，就可以大幅提高效率。想办法看看你能不能给销售团队提供更好的工具，或是把他们的后勤事务外包出去，又或者投资消费者可以自取所需的更好自助式工具，以增加业务员的销售时间。要创造更多的销售时间，同时要严防行政工作的插空入侵。

（2）加快销售作业流程——令客户更多受益，优化销售作业流程会对客户体验产生积极正面的影响。如果给客户提供更快的报价和提案，你就有机会收获更多胜利，长期下来，又能提高客户忠诚度。征求几位最好的客户的建议，着手做好这件事。请他们指出在哪些地方可以通过缩短回应时间来增加附加值，以及哪些地方其实并不重要，可以将注意力用于正确的领域。如果你可以去掉不必要的步骤，有的放矢，降低复杂度，就能降低不少成本。

关键思维

要真正整顿销售作业，一流的公司会毫不犹豫让客户参与转型——帮助公司更换系统，这对双方都极为有利，既能减少双方资源的投入，又能改进流程。这样做一次就可实现互惠互利的双赢局面。

——鲍姆加特纳　哈塔米　亚克

攻略 10　建立科技优势

关键思维

只要公司在科技上做对了，便会有很不错的

销售结果。连锁超市特易购推出客户忠诚方案，借此引入了大量的客户资料，公司利用这些资料向客户推送促销活动，同时对客户做策略性的细分。前进保险公司向来利用实验对客户做系统且有效的细分，并据此提供相应的产品。第一资本银行独特的客户个人管理系统，通过分析个别客户的交易数据，形成个人化的营销和销售手法。几年下来，这家信用卡发卡银行争取到新客户的比率比竞争者平均高出5倍。

——鲍姆加特纳　哈塔米　亚克

要有效运用科技推动业绩成长，应在3个方面建立科技优势：

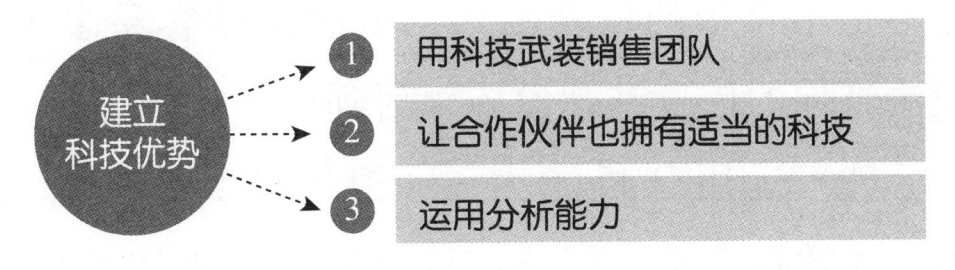

建立科技优势
1. 用科技武装销售团队
2. 让合作伙伴也拥有适当的科技
3. 运用分析能力

（1）用科技武装销售团队——如果你可以让业务员无论在销售现场，还是在办公室，都有适当的作业工具，那么他们跑起业务来就会更有效率。在有科技"开路"的销售中，有时只要把握适当时机，把基本资料提供给对的人，就可能改变销售的游戏规则。弄清楚什么样的销售自动化工具可以帮助业务员制作可行的销售计划，然后与技术人员合力完成这件事。

（2）让合作伙伴也拥有适当的科技——如果你有一流的信息系统助你销售成功，那么不要忘了给合作伙伴分享这套系统。分享工具合乎情理，因为它可以增强你在市场上的可见度和辨识度。在将来，你可能还想与合作伙伴再结盟寻找随后出现的新商机。如果你们使用相同的工具，而不是不合拍的伙伴关系，做起来就容易多了。设法将你的信息基础设施辐射到合作伙伴处。

（3）运用分析能力——销售龙头公司都知道，大数据分析、细分市场分析和趋势分析对推动销售成长潜力无穷。做好准备，充分利用所有可能的新工具、科技和人才。建立分析能力，以便寻求助你和你的钱包一块儿成长的契机。招募熟练使用新一代分析工具的人进入销售团队，并让他们成为整个销售团队可以利用和仰仗的资源。

关键思维

一流销售公司利用科技改进作业方式。改善的做法可以很简单，如给业务员一台平板电脑，以提高他们的生产力；也可以复杂一点，如使用先进的电脑设备，让电话销售员在打电话给潜在客户时，可以借鉴电脑设备中丰富的、深刻的词库，采用适当的说话术。

——鲍姆加特纳　哈塔米　亚克

四　兼顾短期与长期的平衡发展

工具和科技很伟大，但你还需要有个明星团队，才能让它们发挥作用。人才是销售成长的核心。用心对待员工的企业，更有机会做到持续不断成长。

攻略 11　管理团队表现

每个销售团队都有表现好的人，也有生产力较差的成员。领先的销售公司会去找到这些差异的原因并设法解决。要做类似的尝试，有 3 个关键：

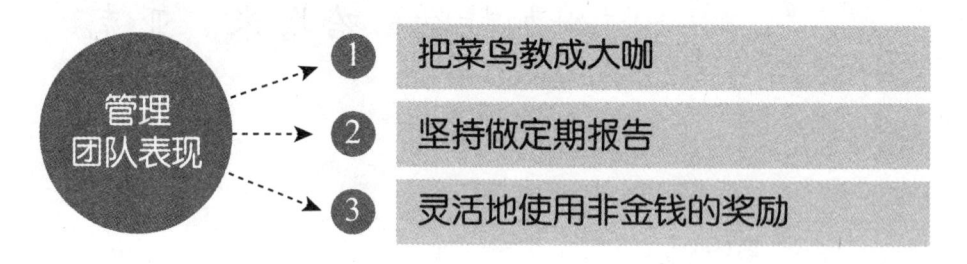

管理团队表现
1. 把菜鸟教成大咖
2. 坚持做定期报告
3. 灵活地使用非金钱的奖励

（1）把菜鸟教成大咖——教导是优秀销售公司的核心。渴望成长的公司对教导的态度，必须从"可有可无"到"有也不错",再到"把它当作核心要件"。要发展出有系统的辅导方案。许多公司发现,最有效的方法就是每周一对一的辅导课,再配上每天15分钟的"查岗电话"以跟踪了解情况。让教练亲身领会顾客体验,实际去打销售电话并提供反馈也很有用。

(2)坚持做定期报告——让销售团队定期报告他们的成绩,替整个销售设好节奏。如果业务员必须每周报告,而不是一个月一次,做出好成绩的动力和机会更大。这也有利于时时自省,防患于未然,快速、有效找出问题,并及时克服障碍。要形成惯例,让每个人以同时列出领先与落后指标的报告形式,汇报每周成绩。

(3)灵活地使用非金钱的奖励——除了钱以外,还有更多东西可以激励销售人员。人们会受用各种不同方式的激励。对销售人员来说,受到同行的认可或者公开表扬,要比销售奖金更有成就感,这并非罕见的事。搞清楚什么可以点燃销售团队"竞争之火",设法让销售人员得到超出预期的意外收获。

> **关键思维**
>
> 表彰奖励可以很烧钱和费心——如加入总裁俱乐部,前往度假胜地一游,提升公务车等级等。或者也可以很简单——接到CEO的一通祝贺来电,实地考察时与高级主管单独会晤等。表现管理是销售管理的要件。另外,虽然许多企业汲汲于短期表现,但杰出的销售公司看重的还是长期表现。
>
> ——鲍姆加特纳 哈塔米 亚克

攻略12 打造销售DNA

> **关键思维**
>
> 一个超能力销售公司的必备构成——最有效的管理行为以及员工的能力和心态,是可以引

入、强化和修改的。正因为如此，你可以重组公司的 DNA，使成功销售成为第二天性。这有什么意义呢？能够最终成功的变革方案和改造计划不到 30%。造成 70% 方案、计划夭折的原因是组织无法迅速且彻底地付诸行动，而不是提案不够好。先具备了 DNA，也就是适当的人加上适当的能力、动机及态度，公司便有能力比对手更快调整、执行和更新。这不仅是长期维持卓越的重要因素，更是先决条件。

——鲍姆加特纳　哈塔米　亚克

要打造销售 DNA，提高销售团队的业绩，需要考虑如下：

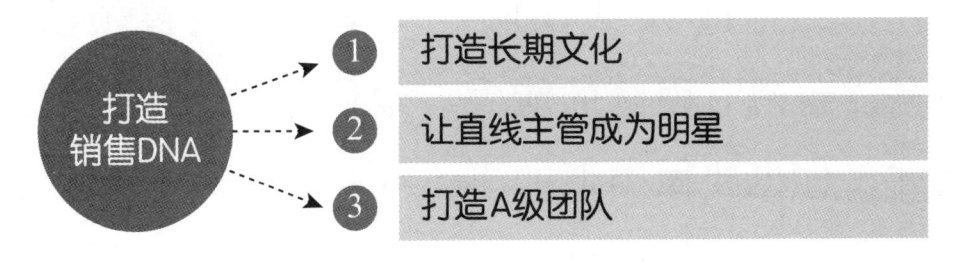

打造销售DNA
1. 打造长期文化
2. 让直线主管成为明星
3. 打造A级团队

（1）打造长期文化——卓越的销售公司把改善长期绩效当作主要目标，而不是只要达成短期目标就飘飘然。为了达成这个目的，他们把整合能力融入每日、每周和每月的例行工作，不让公司偏离工作重心。要前进，就必须不断改进销售方式。要学习新技术，并不断加强，直到牢不可破。

（2）让直线主管成为明星——如果你真的渴望改变整个销售团队，最重要的改造目标就是直线主管，这些直线主管与销售人员每天互动，提供辅导并以身作则实践变革。在提升销售团队能力时，一定要让主管身担重任。只要直线主管能发挥带头作用，其他一切就能顺其自然、水到渠成。

（3）打造 A 级团队——成功的销售领袖不只是改善现有团队的能力，他们还设法不断引进良才。你也要做类似的事。要尽一切可能招揽优秀人才，同时提供培训，教每个人把销售做得更好。当员工自然被淘汰，就试着替换上更有生产力的人。为想与公司一起成长的人提供良好的职涯发展。设立导师制，并扩大至整个销售团队。设法大力栽培高绩效的员工，并处理每年表现垫底的员工。要塑造出这样一种企业文化，让人们知道你在尽力打造一支最优秀的团队，随时欢迎各路英雄好汉加入。

关键思维

持续改进已成为多数公司的第二天性，现在销售也应该要有同样的心态了。

——鲍姆加特纳　哈塔米　亚克

五 以变革征服市场

业绩成长一定是由上而下，而非由下而上。由伟大的销售领袖先提出，继而不断鼓舞下属采取行动。他们要展示出强大的执行力。

攻略13 由上往下推动成长

经得起考验的销售领袖会身先士卒带领大家前进。他们知道销售成长需要由上往下推动，并且要做4件事才能促成：

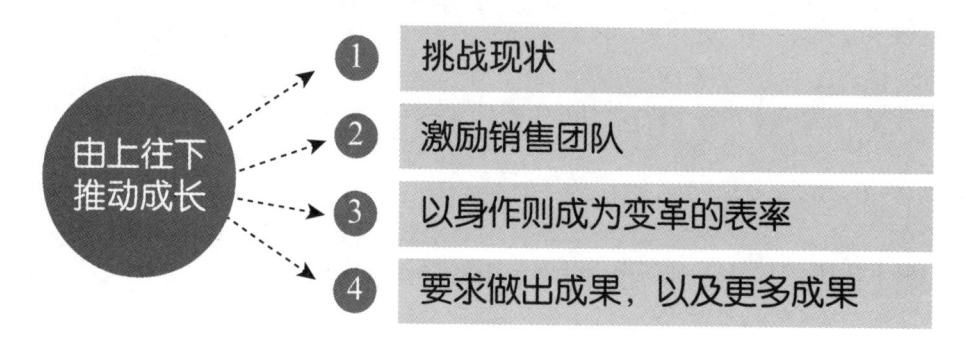

由上往下推动成长
1. 挑战现状
2. 激励销售团队
3. 以身作则成为变革的表率
4. 要求做出成果，以及更多成果

（1）挑战现状——不断寻找把事情做得更好的方法。也许你可以预见并且试着抢先知道客户的痛点，也许你也可以坚持不懈地追求更好的销售经验。不管要做什么，一定要尝试新事物，推动销售团队前进。要主动质疑、考量、改进你做生意的方式，并鼓励其他人也这么做。

（2）激励销售团队——要给销售团队发送冲击波，最快和最可靠的办法就是和团队探讨一两个他们的目标，然后每次与销售团队互动时都重复同样的讨论程序。如果你一次又一次强力发送同一个信息，员工会开始相信你是"动真格儿的"，并且开始改变他们的行为。

（3）以身作则成为变革的表率——当你往新方向前进时，言行一致非常重要。若希望每个人改变做法，你必须首先成为表率。你要以身作则，发挥带头作用——别无他途。

（4）要求做出成果，以及更多成果——当一笔大交易正在酝酿中时，没有什么比卷起袖子亲自参与更好。进入战壕并交出领先对手的成果，就是你的意图的最生动阐述。这种结合勇气、干

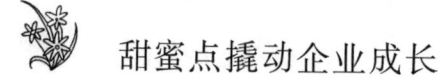

劲和披挂上阵的表现，一定能让团队叫好。以实际行动做出成绩，竭尽所能帮助团队完成任务。

关键思维

最资深的销售领袖会替公司内的其他人定下基调，正因如此，他们的角色能对销售经理和员工的行为和态度施以最大的影响。伟大的销售领袖知道，公司员工会从他们身上寻到真正重要之事的线索。

——鲍姆加特纳　哈塔米　亚克

攻略14　让它成真

关键思维

销售领袖对自己的团队充满热情，但他们也崇尚改变，当然，这些改变要以数据、知识和行之有效的策略为基础。此外，他们力求打赢每天的战役，以致在变革方案中尽量避免长期才能奏效的胜利。他们努力解决效益不佳而互推责任的老问题——是卖出的产品和服务不好，还是销售方法错了？他们以数据和分析诊断上市方式、销售流程、渠道、技术、人才和领导。他们不避讳从赢家处折射出自己的不足。

——鲍姆加特纳　哈塔米　亚克

在加快公司的业绩成长时，世界一流销售高手会做两件事，这非常值得借鉴：

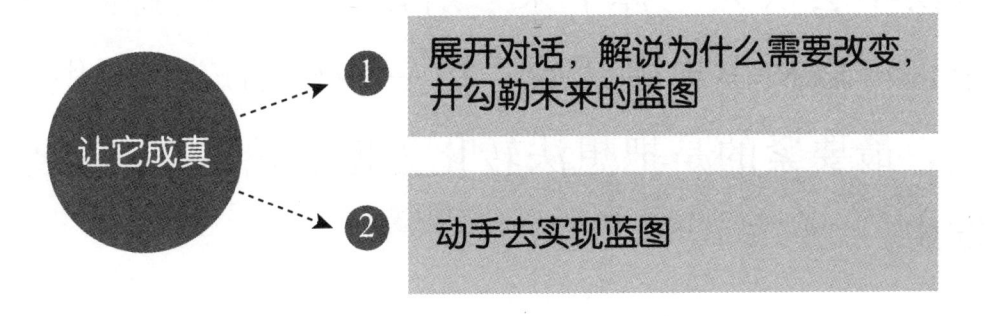

让它成真
1. 展开对话，解说为什么需要改变，并勾勒未来的蓝图
2. 动手去实现蓝图

（1）展开对话，解说为什么需要改变，并勾勒未来的蓝图——所有重大改变之旅都是从对话开始的，要让每个人都去思考最基本的问题。你必须让员工去想如何征服市场，以及需要什么样的系统。还必须对目前的做法进行压力测试，并

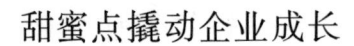

找出该如何前进。如果确实有心提升等级，就要把最优秀的人才纳入改革方案，并提供资源让他们去实现蓝图。对必须进行的改变，要坦然接受。

（2）动手去实现蓝图——此时好戏才真正上场。必须说服员工，为了更好的方式，值得放弃旧习惯。必须做好准备，让业务员暂时不去推销，让他们学习你希望他们未来使用的新工具。成功不会从天上掉下来，所以一定要坚持到底。也许可以从小规模开始，用一些初期成果蓄积能量，最要紧的是把想法转化为做法，让正确的事发生。

关键思维

我们相信，无论哪个产业，只要认真审视自己的销售方式，都可以大有斩获。我们希望大家分享我们的信念。但光有信念还成不了事。所有与我们分享经验的高级销售主管都表明，承认改变只是一个开始，让变革成真才有意义——但它不好做。祝大家销售成功。

——鲍姆加特纳　哈塔米　亚克

上 市
让你的产品未演先轰动

Launch
An Internet Millionaire's Secret Formula

原著作者简介

杰夫·沃克（Jeff Walker），网络营销专家，自创"产品上市公式"。这套公式使他的客户和学生受益颇多：网上销售金额已超过5亿美元。他于1996年开创网络业务，如今已成为知名网络创业专家，单日销售额超过百万美元。沃克毕业于美国密歇根州立大学。

本文编译：乐为良

主要内容

主题看板	从无到有实现网络创业梦/153
轻松读大师	一 程序/157
	二 触发点 169
	三 工具/175
	四 不同的形态/187

主题看板

从无到有实现网络创业梦

杰夫·沃克当了7年的家庭主夫，在投入网络创业之前，他不曾卖过任何东西。随着他寄出的19封电子邮件，成功招揽了超过8万名订户，一切从此改变。他进一步向别人传授自己的成功之道，不仅将千万利润收入囊中，也为客户创造了上亿美元的收益。

互联网颠覆了许多产业的游戏规则，使一些传统产业灭亡，但也确实为更多想要创业的人带来希望和机会，也使一些既有事业经营者获得了更快、更容易拓展业务的利器。善用互联网的重点是，你是否了解这个全新的战场，能否吸引潜在客户的眼球，并和他们建立密切的关系。

1996年，杰夫·沃克开启第一笔网络业务，尽管先后经历了网络公司泡沫化和金融海啸危机，却仍旧年年获利。他还将自己的网络致富方法整理成一套"产品上市公式"，指导了成千上万的网络创业家实践。如今受他启发的客户营业额已经累积超过 5 亿美元，这个数字还在持续增长中。

从投资自己开始

对杰夫而言，这一切也是始料未及的。回首往事，在家当了 7 年的家庭主夫，每天看着妻子早出晚归，却难保证全家的衣食无忧，杰夫不得不想办法帮忙补贴家用。

当时个人电脑及网络的应用才刚起步，从来没卖过任何东西的杰夫受到一个课程名称的吸引——"把你的电脑变成印钞机"，他决心借助网络实现创业美梦。虽然 97 美元的学费对手头拮据的他是笔不小的花费，但他知道自己必须有所改变，因此瞒着家人报名上课。

那门课程名称诱人，内容也很实用，教授的是如何在网络上提供信息产品服务。杰夫上完课后，深觉这个课程胜过他的大学 4 年所学，更让他万万没想到的是，这后来竟促成了攸关数千万美元的决定。

用 19 个名单起家

杰夫一开始只是简单地通过电子邮件提供投资建议的服务。第一批邮寄名单上只有 19 人（其中还包括他自己和妻子的邮箱账号），但这份名单最后却发展出 8 万名订户。随着业务的成长，杰夫的影响力也惊人地扩展。

于是，他想到不如将自己的成功经验转变成产品，便顺势推出"产品上市公式"，这项产品曾在一天内为他带来百万美元收入。这套公式的 2.0 版问世后，更在 34 小时内缔造出 373 万美元的业绩。受惠于这项产品的人，也陆续达成惊人的成就，甚至青出于蓝，超越了杰夫的成绩。

今日，网络营销蔚为壮观，"产品上市公式"也仍旧风行，它的根本概念是将营销变成事件，在推出产品时制造话题和期待感。它强调与潜在客户展开对话，让他们参与整个销售过程并乐在其中。也许你觉得这些概念平凡无奇，细读杰夫的上市攻略，却不难发现他强调程序、讲究方法，在每个环节上都下足功夫。

这正是网络营销迷人的地方。名单不怕少，就怕关系不深；观念不怕老，就怕功夫不深。这也是为什么人人都有机会在网络圆梦，网络营销不只是大公司才玩得起的游戏。杰夫就是一个有力的证明。

一　程序

推出产品上市的目的是为了好好打入潜在市场，最好的效果是早在产品开卖之前，就让顾客"垂涎"于产品，甚至近乎请求你卖给他们。要做到这点，就要把营销变成事件，制造话题引起人们注意。

20世纪90年代后期互联网的崛起，毫无疑问已经改变了营销的面貌。营销的这些变化可以归纳为以下3点：

（1）传播速度——现在你可以更便捷、更快速且更便宜地与你的市场沟通。只需几分钟，你便可以发布新消息到市场上；只需动动手指，你就可以传递你想说的话。

（2）沟通成本——发送电子邮件的成本远远低于电视广告。进入出版和广播业的障碍也已经排除。

（3）互动性——现在你可以即时得到回应。你可以即时追踪市场对你的信息有何回应，而不是"黑暗中射击"，然后期待一切顺利。这种种变化，也带动吸引新客户的方式跟着变化。相比从前，你现在可以和客户双向对话，而不是不停地招揽他们"买买买"。

换句话说，网络提供的工具可以让你在产品推出之前，通过提供有价值的免费信息制造话题和热情，先把市场炒热，然后再带动购买。这是一种非常高明的营销方式。

实现这个目标的好办法就是把营销变成对话。道理很简单，人们总觉得对话比听叫卖有趣。此外，人们只要一听到推销话语，就会开始戒备，关闭沟通。如果你可以使用对话传递你的营销，人们就会在不知不觉中给予关注。

成功推出产品的基本理念，绝非是向客户强行推销，而是先给个超值的好处，之后再谈销售。方法是与他们进行对话，并且要依循正确的程序，以难忘的故事击中适当的触发点，让他们采取行动。

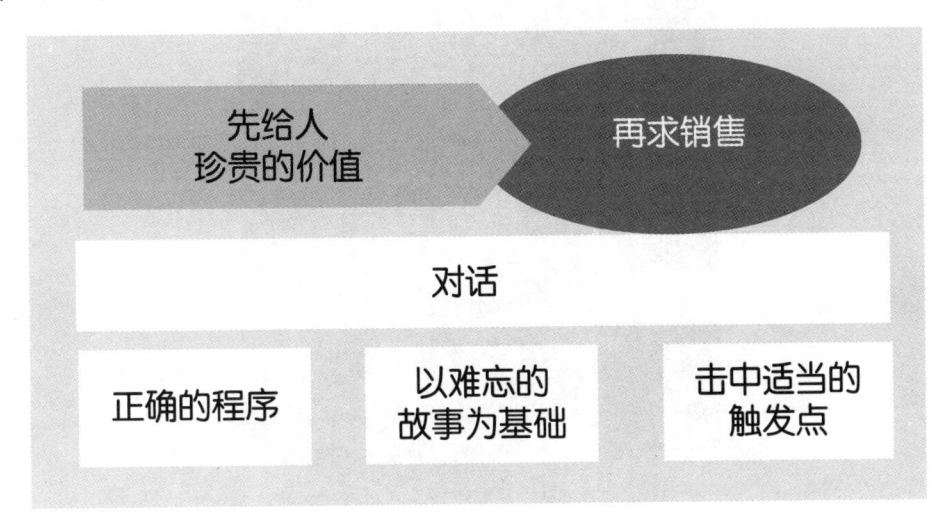

```
先给人          再求销售
珍贵的价值

         对话

正确的程序   以难忘的    击中适当的
            故事为基础   触发点
```

那么，成功推出产品的正确程序是什么呢？至今已创造 5 亿多美元的销售程序如下：

程序 1　预上市之前

预上市之前要完全不被人察觉，但要发出一些信号暗示有很酷的东西将要出现。做好预上市之前的预备动作，能为你的完美上市打下扎实基础。

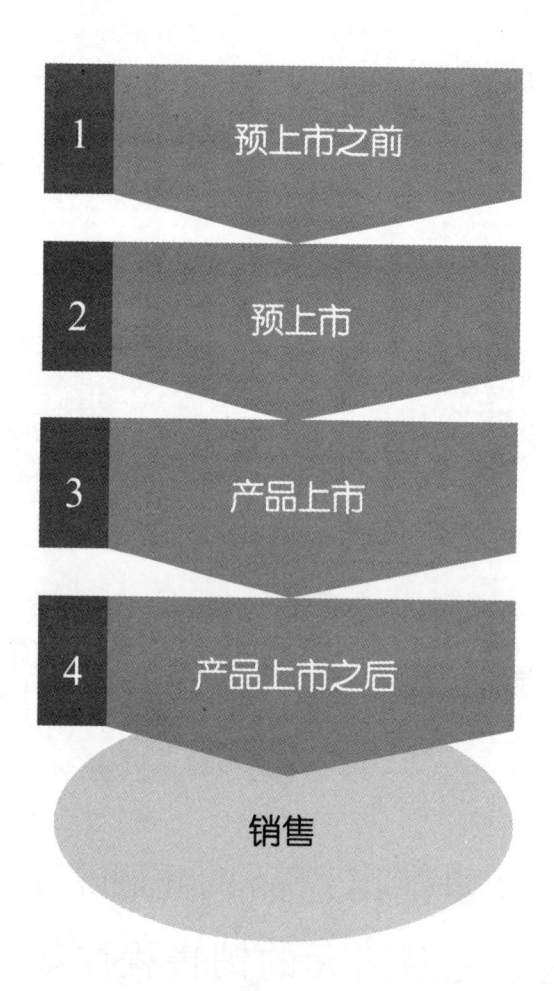

```
1  预上市之前
2  预上市
3  产品上市
4  产品上市之后
         销售
```

可以把预上市之前的预备动作，想象成对未来目标市场的象征性"警告"。你首先要放出风声引起市场的关注，但实际上并未发布任何产品。要这样问自己：

◎ 我要怎样向人们暗示某个很酷的东西要出现了，但听起来丝毫不像推销辞令？

上 市

◎我要怎样引起他们的好奇心？

◎我要怎样找到潜在客户帮我打造他们会买的产品？

◎我要怎样知道他们的喜好和排斥？

◎我要如何展开对话？

◎我要如何使对话生动、幽默、有趣？

◎我要如何在市场上脱颖而出？

◎我要如何定出个好价钱？

◎我该如何承接到接下来的预上市程序？

可以用一种间接的方式收集这些问题的答案，例如问卷调查，感谢人们参与的方式可以是承诺当产品推出时，会给予他们优惠。

关键思维

说白了，个人的成功和事业的成功与带给世界的价值密不可分。

——杰夫·沃克

预上市之前的预备动作就是让你的粉丝群活

跃起来——或开始建立粉丝群，如果你还没有的话。这时也要完成其他重要的基础工作，同时测试市场对你的产品构想感兴趣的程度，还要设法让潜在的排斥意见浮出水面，以便在预上市阶段回答这些问题。最后，利用收集到的信息为产品定出最后的价格。在做这一切的同时，你也替接下来的预上市程序做好了准备。一般来说，我用来做预上市之前预备动作的工具和手段，一直都是一封或两封简单的电子邮件，尽管时下风行的是社交媒体。

——杰夫·沃克

程序2 预上市

预上市的精髓是在提出销售的暗示之前，先提供难以置信的价值，引起人们的注意。预上市通常会分几天进行，包括3方面的内容：

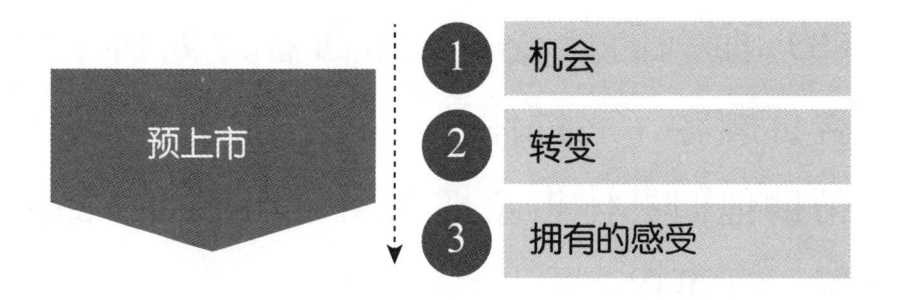

上 市

```
预上市 → 1 机会
        2 转变
        3 拥有的感受
```

（1）机会——你以回答潜在客户关心的"为什么"来引起他们的注意。细细述说你带来的、可使他们在短期内发生蜕变的机会。向他们解释：

◎ 改造或转变的机会。

◎ 你在这方面是专家。

◎ 你要回应的反对声音。

◎ 客户对你的说法的态度和意见。

（2）转变——你详细说明你提供的转变，这非常重要：

◎ 提出研究个案。

◎ 回应他们的反对意见。

◎ 提供真正和不容置疑的价值。

◎ 请他们到发布产品的博客评论和留言。

（3）拥有的感受——你回答"如何"的问题。告诉顾客，通过你的产品，如何可以变得更好。帮助他们具体想象拥有和使用你的产品的具体状况。你可以：

◎ 增加更多研究个案。

◎ 回应人们最关切的问题。

◎ 解释、描绘产品的好处。

◎ 转向你推出的产品并销售。

◎ 谈谈你推出产品的稀有性。

◎ 再次请他们到你的博客发表评论。

预上市活动能打造出温暖的氛围，展示你的擅长并击中许多情感触发点。

程序3　产品上市

上市当天，你要开放购物车让人们知道他们现在可以购买了。只要让你的销售网页运转，并发送电子邮件给客户，他们很快就会知道，可以订购你为他们的难题想出来的解决方案了。

即使可能因为先前完美的预售素材，你已与

上　市

客户成功达成预售交易，但你还是要准备好一封封强有力的销售信函或销售视频，重述你提供的每项东西。你要点出时间的紧迫性，让客户必须现在就作出决定。

经验告诉我们，一般要维持4～7天的公开销售。第一天可预计拿到25%的订单，在公开销售的最后一天则可取得大约50%的订单。

完美上市的基本规则是你必须确定何时结束上市活动。如果你不按时结束，必定后患无穷，你也不可能创造最后24小时的销售高峰。打造物以稀为贵的现象，主要有3种方法：

（1）价格在上市活动结束后会上涨——人们必须现在抢进，享受限时优惠价的好处。

（2）上市活动一旦结束，你就要停送额外赠品——他们必须现在就采取行动。此法是制造物以稀为贵的大好方式。

（3）优惠活动一去不返——他们将不再享有优惠。利用稀有性带动销量的关键在于"动真格"而不是空噱头。你必须拿掉一些好处，不然人们不会采取行动。你还可以结合不同的元素——如果他们现在不购买，价格会上升，好处也终结。

在上市活动期间，每天以邮件形式宣传活动的广大反响。你可以回答有关上市活动最常见的问题，提醒截止日期将至等。总之，就是不断在人们眼前、耳边发起消息攻势。

程序4　产品上市之后

购物车一旦关闭，首要工作是加强与购买者的关系。聪明的做法是给的比承诺的还多。给购买者超出预期的价值，他们就会终生成为你的粉丝。上市活动一结束，就送给他们一些意想不到的赠品，并继续寻找更多创造价值的方法。

你可以利用一套自动发送的售后电子邮件来做这件事。这样做能强化上市所创造的声势，并替以后的推销活动打下坚实的基础。另外，务必要有世界一流的客户服务。这是打造事业必花的成本。

也不要忘了问候没有购买的人,并让他们知道最新状况。花时间和精力经营与他们的关系,很可能在未来某个时候就用得上。发送更多、更诱人的内容给他们,让他们准备接收你接下来的优惠或下次上市活动。

你也不妨回顾、总结一下你的产品和整个上市活动。看看相关记录并找出未来哪里需要改进。看看你提供的产品以及如何改进以适应下一次的销售诉求。了解什么地方要做得更好。

关键思维

我挖空心思为新客户提供超出他们预期的好处,建议你也这么做。我总是准备一些上市期间没提到的额外赠品,活动结束后不久便开始发送。在购物后常让人感到乏味的情况下,多奉送些好处可以让你在市场上脱颖而出。这些从未提及的额外好处带来的效果会出乎你的意料。不必做得太"意外"——只要比承诺的多一点就行了。

——杰夫·沃克

二　触发点

每个人都倾向于认为自己的决定理性且合逻辑，但实际上，多数的决定都受情绪影响，之后才能以理性待之。要让人们迷上你将推出的产品，你必须击中潜伏于表面下的9个心理触发点。通过产品上市活动激活这些触发点，人们便会主动去购买，有时甚至意识不到自己在做什么。

完美的产品上市活动很有效，因为它能击中人们心理层面的9个触发点，会直接影响人们的行为。在整个产品推出期间，你需要的理想状态是一次又一次击中那些触发点，从而让你变得非常具有说服力。

9个触发点包括：

（1）权威——人们喜欢跟随有权威感的人。

如果你能将自己定为市场中某个领域的权威人士，他们自然会更愿意注意你说的话。建立个人权威地位的最好办法是在预上市阶段与潜在客户分享高品质素材。

（2）互惠——受人恩惠，我们都会想回报。这是一个非常有力的触发点，几乎每个人都在一定程度上有这种感觉。在预上市阶段给出的价值越高、好处越多，购买者就会形成越大的购买欲。

（3）信任——如果你想影响别人，首先就要让他们信任你。有鉴于此，产品上市前预备活动的另一个不可或缺目标就是，让人们喜欢、信任你。通过把该做的做好，并一以贯之，你就能赢得信任。不断创造价值也能不断累积信任。

（4）预期——每个人都期待家庭聚会和圣诞节这种特别活动。如果你能吸引人们的注意力，让他们期待即将推出的产品，当产品可供购买时，你就能从一片喧哗中脱颖而出。如果你能正确运用预期心理,人们将排队下订单。

(5)讨喜——当其他状况都一样时,人们更倾向于与认识、喜欢和尊敬的公司交易。如果你拥有讨人喜欢的品质——例如亲切、和善、宽厚和诚实,人们会更喜欢你,你也因此更有影响力。相对于冷冰冰的公司,人们通常更喜欢与个人打交道、做生意。这就是讨喜的力量。

(6)事件及仪式——如果你把营销变成一件令人难忘的事,就会有吸引力。人天生就喜欢事件,因为事件有庄重感,能让人觉得生命更有意义。仪式则能感召人们在一起做同样的事,让每个人都感觉与这件事息息相关。推出产品的流程之所以有效,是因为它把营销诉求变成了一个事件。

(7)社交媒体——无论你是否意识到,你总是试着模仿与自己往来的人,你会想融入一个限制有点严格的社交媒体,这是本性。如果你可以让用户以你的营销为核心,建立一个活跃的网上社交媒体，你的成果将会翻倍。

（8）稀有——当东西稀有时，人们会更想拥有。物以稀为贵的概念一直会推动人们在东西所剩无几时进场哄抢，而不管需要与否，也会迫使人们作出决定。如果没有采取规划好的行动，或稀有性没能催促人们采取行动，那么再好的上市活动也会产生负面的结果。

（9）社会认同——如果看到其他人采取行动，通常你也想跟风而动。如果你的营销策略允许购买者发表评论，提供人们踊跃表达意见的交流平台，你会发现会有许多人热心参与和体验，而这将激励和吸引其他人起而效尤。

这份触发点清单并不详尽。还有许多其他东西影响潜在客户每天的决策和行动。上述9项通常是最重要的突破点，锁定这9个触发点是很好的起点。同时也请记住这9个触发点密切相关，例如，当别人信任你，你就更容易建立权威感。因此，你要尽可能击中更多触发点。

另一个要记住的重点是，当你善用累积效应，连发击中多个触发点时，它们就会变得更强有力。例如：

◎如果你的预上市活动搭配令人信服的"干货"内容，你的信用和权威马上就能建立起来。

◎把具备明显出售价值的内容免费送出去，则是在做有利于互惠的事。

◎安排预期上市日期在不久以后的将来，而不是现在，就增加了人们的期待。

◎在进行预上市活动时，与潜在客户交流，以增进他们对你和产品的认可、认同，这会增加产品上市的社会价值。

◎回答潜在客户的问题，能提高你受欢迎的程度。

◎当预上市活动结束、购物车开放时，即启动了事件及仪式的触发点。你也可以同时暗示产品有限，购买机会难得。

显而易见的是，这些触发点在混合使用时会

变得更有力。如此"广撒网、强上强"的原因是，每个人回应触发点的方式不尽相同。只要把一场完美上市活动结合多个触发点，你就可以办一场令人难以抗拒的营销活动，搭建一个让人们自行完成销售的平台。

关键思维

这些心理层面触发点的地位形成，可以追溯至数千年前，它们已对我们每个人形成了不同程度的影响。除非我们大脑的运作从根本上改变了（显然不可能），否则这些触发点将继续对我们的行为发挥巨大的影响。

——杰夫·沃克

三　工具

完美上市活动会拿出一个接一个的工具，迎合那些心理层面的触发点。要做到这点绝非一日之功，而是靠一系列循序渐进的"小宗包裹"，一起形成"大宗惊喜"。用一种紧锣密鼓的方式把你的上市消息传递出去，可排除市场上的噪音和杂讯，实际上也会在潜在客户的心里，将你的上市活动累积变成一个非常大的事件。

工具1　故事

每个产品的核心，都蕴藏着带来转变的可能性——你给客户提供的是以某种方式实现更好转变的机会。描绘你产品或服务的最佳途径就是用一则动人的故事，诉说某人因为用了你的产品和服务，最终实现了他想要的改变。

故事非常有说服力。可以用讲授、画一张画

等形式为你的主张提供可信度，并且突显购买你产品的好处。故事兼具戏剧性和真实性，因此令人乐于倾听并记忆犹新。

把上市的每个阶段都注入精彩的故事。以生动的个案研究与其他素材让你的点子栩栩如生。如果这么做了，最后的结果必然会更好、更出彩。

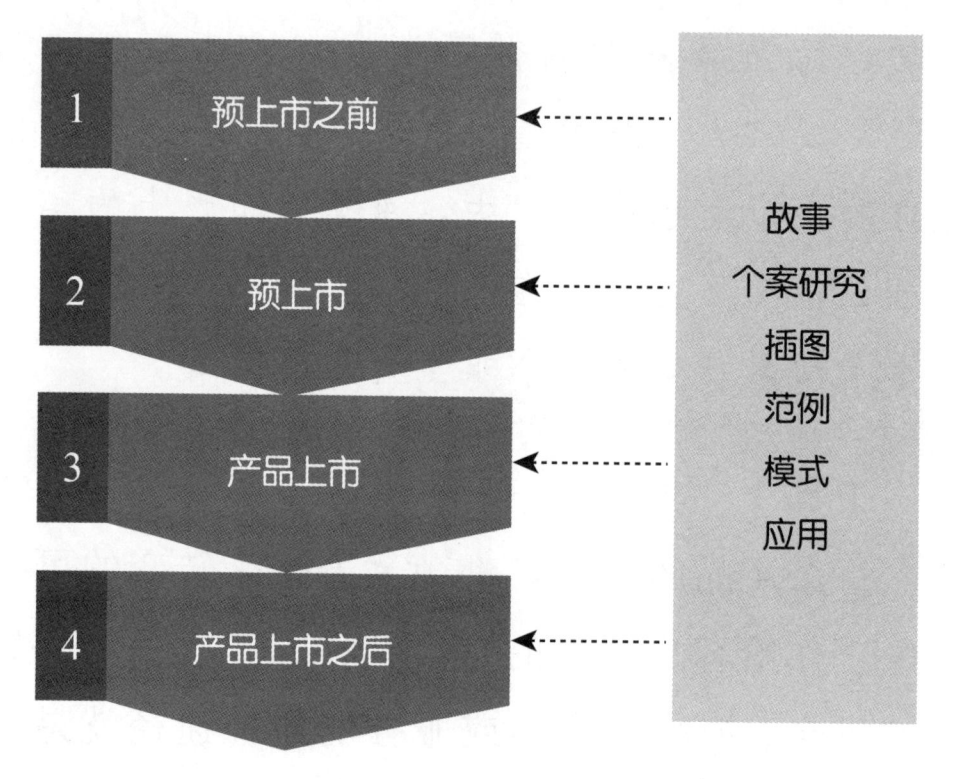

1	预上市之前	←
2	预上市	←
3	产品上市	←
4	产品上市之后	←

故事
个案研究
插图
范例
模式
应用

工具2 名册

成功推出产品的关键策略之一是建立一份名

上 市

册——此名册上的人同意接收你的电子邮件。有了这份名册，你等于得到了印钞票的许可。你只需要在未来不断想出更多产品给名册上的人就可以了。

关键思维

开始着手为发展业务建立电子邮件名册，即是迈出掌握自我财运的一大步。当然，不管你做的是什么类型的事业，名册都至关重要。你的潜在客户和忠诚客户的名单或资料库，永远是事业最重要的资产。在网络世界，你的名册就是一切，一切全靠它。实际上，你很难捉摸电子邮件名册的力量，直到有了它并按下"发送"键……几秒钟之后你开始看到名册上人的回信，并点击进入你的网站。那种力量着实惊人，一旦体验过，就会发现你的生活方式已经永远改变了。

——杰夫·沃克

建立名册时，你应该记住两个关键点：

◎ 名册的规模大小远没有回应的多少重要——你要专心与名册上的每个人搞好关系。有本小名册，一半以上的人收到你的电子邮件后都会打开阅读，这要比有本大名册，而那些人根本不看你的邮件要好得多。你追求的是回应。

◎ 建立名册的最好方法是做一个完美的上市活动——然后继续推出更多你深谙客户一定会喜欢的东西。此时，你可能很想在大型社交媒体平台如脸书、YouTube 或推特上建立名册。这很不错，但请记住：这些网站的人气时好时坏，你无法预测未来哪一个会蓬勃发展，哪一个会失宠。社交媒体网站的平台也不是由你控制。它们随时可能改变规定，是利是弊不易预测。如果你在社交媒体之外，另外保有自己的名册，就有备无患了。

那么要如何建立名册呢？通常只涉及 4 个步骤：

（1）定义你的"阿凡达"——勾勒典型潜在

客户的轮廓。要建立回应率高的名册，则需首先搞清楚你想吸引什么类型的人。这种理想客户就是你的"阿凡达"。

（2）实现对访客的捕获性引导——让访客感受你的服务，并引起他们的兴趣。你的"捕获性工具"必须是你的"阿凡达"真正想要的东西并确保其与你的服务相一致。

（3）制作"准顾客收集页面"——简单的一页式网页，便于你在网页上吸引并捕获访客，得到他们的姓名和联系方式。其目标很明确：使此页面的访客不是注册就是离开。

（4）为你的"准顾客收集页面"吸引访问量——通过社交媒体、搜索引擎、付费点击广告、策略联盟、合作伙伴关系等方式达成。建立一份好名册真正的秘诀是从立足点开始打造。每个人一开始名册上都是一片空白，不要以为自己生不逢时，抱怨已经错过大好时光。尽管放宽心推出"准顾客收集页面"并展开工作。即使一天

甜蜜点撬动企业成长

只吸引二三个人注册加入你的名册，也不要灰心。你可以继续为自己造势并学习如何做得更好。

关键思维

　　我真的就是这样开始的——名册上没有半个人。但是我坚持努力打造我的名册，慢慢地、有条不紊地、认真地。有时好几天只争取到一位新订户，有时一个也没有。我不断为自己打气，慢慢地，一天可以争取到3～4个订户。我坚持下去，很快一天就有30位订户了……然后从一天30个订户开始累积。也就是一个月900个订户或一年1.08万个订户。你猜怎么着？许多市场上的1万名订户名册，一年可以赚进几十万美元。归根结底，如果你想打造可行的电子商务，你就一定要把重点放在建立名册上。

　　　　　　　　　　　　——杰夫·沃克

工具 3　横向销售信

在传统直线营销中，销售信的使用历史已有几十年。它有时还被叫作"销售长信"，基本上就是指以信件形式呈现的冗长广告。这些信有时可长达 8～12 页甚至 20 页。由资深文案执笔，目的就是使客户在读到信的末尾，便会下单购买信上推销的东西。这些老式销售信的攻势对象是不劳业务员亲自兜售，就能被劝说去购买的人。

随着互联网的出现，销售长信有了新的发挥舞台，它们跳到网络世界大放异彩，变得更长并配上视频。一些销售长信甚至演变成在网络上播出的 20～30 分钟的电视购物节目。这些销售信一般都没有外部链接，只有"立即购买"或"加入购物车"按键。

横向销售信是在销售长信的基础上，加进了几项优势以适应网络的改良版。

使用横向销售信最妙的地方是，它把超长的推销辞令变成了与潜在客户的对话。你可以发起一个话题，带头说一些话，让他们发表意见和提出建议。潜在客户意见的影响力几乎不亚于销售信本身。当新的潜在客户收到横向销售信及其他客户的意见，并表现出兴趣时，你也有更多的机会与他们接触和互动。

运用得当时，这种程序可以把营销变成一个事件，做到这点的关键是一定要提供有价值的内容。

预上市之前 > 预上市 > 产品上市 > 产品上市之后 > 销售

① ② ③ ④ ⑤ ⑥ 横向销售信

关键思维

我无意中发现的横向销售信秘密是：不用再写小20页冗长、毫无感情起伏的销售信，而是让销售流程往旁边站。不以页数计算，而是以天数计。不写10页的销售信，而是以连续10天为一个阶段。把用于写超长信的精力，分解给好几天连续的接触。

——杰夫·沃克

我想强调的是有价值的内容——不只是把推销辞令拉长为几个星期,这是不会引起任何人注意的。你要通过这种流程提供给潜在客户真正的价值,这是最关键的。

——杰夫·沃克

完全由你决定如何构建横向销售信,以及如何整合素材的格式。但要牢记,横向销售信的目的是在开售前提供令人信服的购买理由。制作横向销售信的一种方式如下:

◎ 制作一系列视频,在预上市阶段把你的意志传达出去。并且提供一个博客让人们针对每个视频发表看法、意见。

◎ "将欲取之,必固与之",在第一个视频中,要建立自己的可信度,并且与观众建立亲密关系。要尽心尽力于遭遇到的第一要紧问题,热心提供有效的解决方案。让他们信服你的专业知识，在没有任何推销的暗示下，抓住观众眼球。

◎在第二个视频中，要提醒观众最让他们挠头的地方以及你帮他们开发的解决方案，然后教他们向前迈进的方针原则。记住——你要尽可能提供绝对优质的资讯和点子。不断提醒自己，吸引好客户的最佳途径是先提供大量的有用价值。

◎在第三个视频中，除了继续讲授有价值的东西外，要逐步引入"正题"——转向你要卖的东西。这时候，你只需简单指出人们怎么样能知道更多——当然，是通过你的产品。如果你做好基本功，潜在客户这时便会急着付钱买产品了。

请记住，当你发出横向销售信时，会有个非常微妙的情况在幕后同时悄声运作。潜在客户会开始想："他们现在免费就能提供这么多好东西，到时要卖的东西不知会有多好？我得抢先一步跟进。"你为他们提供的免费内容品质越高，这种情况就越容易发生。

此外，每种横向销售信的发布要隔开几天，这会让人们有所期待。情形似乎倒转了：人们期待未来再听到你的消息，这意味着你的横向销售信起效了。人们想听推销辞令的事不常有，想听丰富多彩的横向销售信的事却不好说，而这正是横向销售信的美妙之处。

你的销售信很可能成为热门话题，人们对你的产品的期待感因讨论和热议而强化、扩大。人们开始相互交流，口耳相传的话题就出现了。如果你仔细听，就可以提供并卖给他们真正想要的东西。

关键思维

如果你担心很多人看过你的预上市活动后，反倒不会购买，那么你完全说对了，多数的潜在客户不会买。事实上，对所有上市活动来说，多数的潜在客户都不会买，统计数字即可说明一切。这正是直线营销的运作方式。然而，那些真正购买的人会让一切完全改观。

——杰夫·沃克

有句古谚好像是"杀鸡要用牛刀"。嗯,产品上市公式就是要为你的事业做到这件事,它要扭转战局,让你胜算大增。

——杰夫·沃克

四　不同的形态

学会如何做好产品上市后,便要决定动手实践了,是该像播种一样一切从头做起,还是通过合作伙伴扩大操作范围?发展事业可以融入任何可行的元素。只要掌握了推出产品的精髓,所有这些形态都行得通。

形态1　播种上市——从零开始

播种式的上市活动是指你必须从一无所有开始,栽培你的产品、名册和事业。你想要的不只是带进销售收入,还要把你的点子变成可行的事业。播种式上市的步骤包括:

(1) 注册加入你选择的社交媒体平台——看看人们正在谈论什么样的问题。建立一个讨论组,公开征集人们有待解决的最急迫问题。设法吸引30～300位追随者引爆你的热情,你会发现这一切并不真的那么困难。这些追随者将构成最初的小名册（这是预上市前的预备阶段）。

（2）联络小名册上的每一个人——并要求他们完成关于他们最紧迫问题的问卷调查。也可以告诉他们，你很快就会在网上开课（这是预上市阶段）。

（3）发一封电子邮件，提出你的产品——写一封销售信或制作一段小视频，谈论你在接下来的课程中将讲授些什么。解释课程的好处，并描述他们参加课程后有望达成的转变。你的目标是设法让约30人缴费参加。如果卖座不佳，那么谨慎地选择邀请你认识的人来免费上课，这样才会有足够的人进行健全的互动（实际上此时是你首次上市阶段）。

（4）用你制作的教材授课——接着调查学员，了解他们接下来想学些什么。根据上课学员想要的内容，制作下一堂课的教材。在每一班级重复这一流程，这就是在提供市场需要的产品。

上 市

（5）录下你的授课过程——并转为文字。你的录音及课堂讲解可以整合成一本电子书或其他多媒体产品。这样一来，你不但打造出市场需要的产品，而且还有衍生的进账项目。

（6）推出新的网上课程——根据已有的经验制作并改进。加进一些第一批学生的成功个案研究，并制作更炫的网上课程。从此处出发，不断发行更好的版本，扩大你的营销。

关键思维

这就是播种式上市的本质——简单、快捷、灵活。它为你即将到来的更大型上市活动搭建舞台。它也是"试水"的理想方式，让你学会如何讲授你的课题，洞察目标市场的希望、梦想和顾虑，并且没费太多力就做出了好产品。

——杰夫·沃克

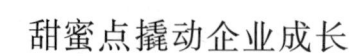

形态2 合伙上市——借力而行

如果你从零开始,播种式上市很有用,但如果你真的想在市场上搞出大名堂,你应该考虑找人合伙上市。由合作伙伴提供名册,你提供产品和专业知识来执行上市活动,你的合作伙伴会分到每笔销售的佣金。

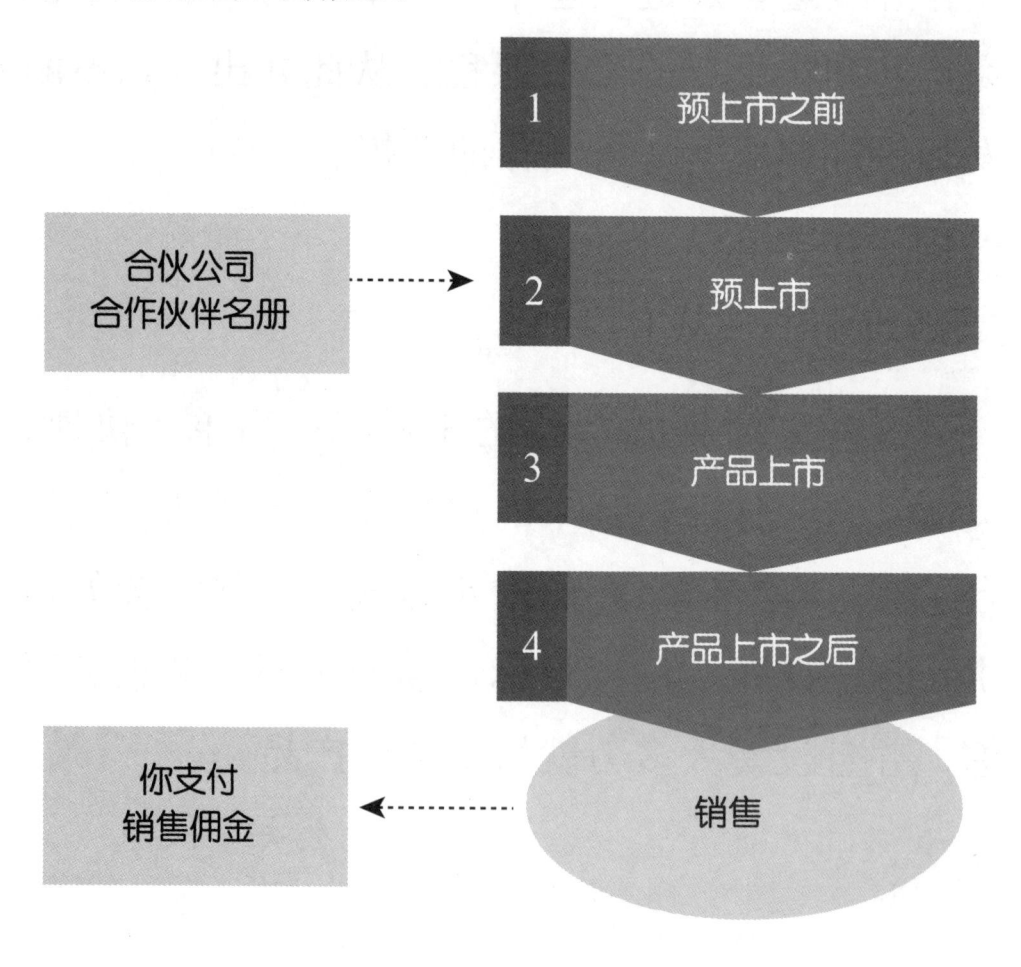

1	预上市之前
2	预上市
3	产品上市
4	产品上市之后

合伙公司合作伙伴名册 → 2 预上市

销售 → 你支付销售佣金

实际上，多数的合伙结构如下：

◎你的伙伴根据他们的名册发信，告知人们你的上市活动。他们邀请名册上的人阅读上市前的内容并前往你制作的名单页。

◎接着你与潜在客户联系，并设法促成销售。

◎使用特殊的结盟追踪软件，追踪合作伙伴介绍的每一位潜在客户。

◎与合作伙伴推荐的人成功达成交易后，你支付合作伙伴事前谈妥的佣金。

找合作伙伴上市的潜在好处颇多：

◎几天内，便有数以千计的人成为你的营销对象。

◎合作伙伴的支持，让你的名册有超高回应率。

◎以这种方式进行上市，广告和促销成本最少甚至经常不用出钱。

◎只需在卖出产品后支付佣金——你只需根

据结果付钱。因此，不用费心操劳一堆昂贵的营销活动，并寄期望有足够多的销售应付开支。

◎佣金支付更灵活，具体结构可以找合作伙伴商量。有时候要付较高的佣金，有时只要小额佣金，取决于你的"谈判"结果。

◎你也能与合作伙伴分享后续销售的收入，如附加产品和服务。

◎与有权威地位的厂商结为合作伙伴，能让你快速、准确地找到市场定位。

如果你不想潜在合作伙伴过河拆桥，就一定要在有高知名度的合作企业介入、共同合力推出产品前，自己先做一次上市活动。先向自己的名册推出产品，并测试所有的系统。验证你的预上市活动可行，并且所有的交货系统运作良好。在开始使用合作伙伴的客户名单前，排除一切不顺的细节。

务必留意潜在的合作伙伴。在你打算锁定的产业中，注意谁在积极建立名册。快速加入潜在伙伴的名册，看看他们目前提供什么产品或服务。追踪他们提供的产品品质，并成为他们社交媒体上的粉丝。找到2～3个适合的合作伙伴即可。与少数几个高水准伙伴合作，远比与一堆低水准伙伴合作高效。

形态3　商业上市——创造可以扩大的系列

一旦学会了做好产品上市，你便拥有了使用"工具"的经验，这个工具可以帮你从零开始打造整个事业，追求你期望的成功。

使用产品上市方法打造事业：

（1）在上市之前，一定要提供令人印象深刻的高价值内容——以建立一流经营者的形象。有些人在与你做生意前，会观察你在几轮的上市活动中做了些什么。使用免费赠品让他们心服口服。

（2）务必与名册上的人建立关系——不断寻找更新更好的方法提供价值。重复这么做，名册上的人便会积极回应。

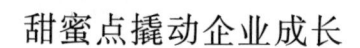

（3）对名册上的人不只提供一次产品——差不多一年大约2~4次。你要让人觉得你不是只会一招，而意在打造高价值的产品形象。

（4）遵守明智的程序——大概如下：

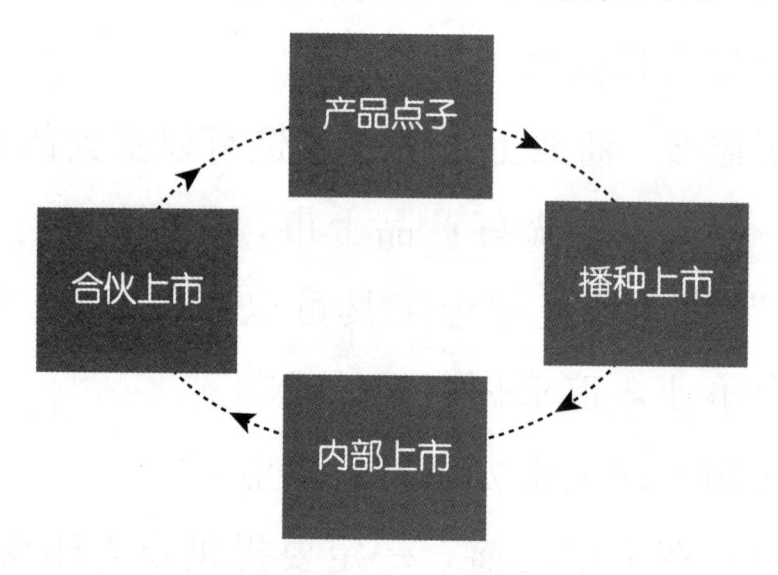

```
        产品点子
       ↗        ↘
   合伙上市    播种上市
       ↖        ↙
        内部上市
```

当你有新的产品点子，以播种式上市催生该产品。接着以自己的名册做一次内部上市，把所有系统理顺。然后，再以合伙方式推出产品，让点子帮你赚钱。与此同时，你很可能想出新的产品点子，如此周而复始。

（5）不要忘记定期重新上市——针对名册上的人持续推出产品。因为会不断有人加入你的名册,他们会有新奇的眼光,渴望"从陌生到熟悉"。你也可以长期推出产品,让人们在加入名册时,新产品的上市自动触发。

(6)好好对待客户——这不仅仅是因为这样做理所当然,而且卖东西给回头客也更容易。养成习惯去取悦并打动客户,他们会成为你的铁杆粉丝。

关键思维

产品上市公式的精髓是先送后卖。在交易前,你用一种值得信任的顾问(甚至是朋友)身份建立关系。要送出高价值的东西,而且保证赠送方式会促成你在日后的上市销售中,"不必吆喝而订单自来"。在许多方面,这种做法与几千年来一流推销员一直在做的没有什么两样。然而,有了产品上市公式,你可以做到过去做不到的规模,这有点像结合了面对面销售的高效和电视销售的广覆盖。当然,它比不上由人亲自促销有效，也没有庞大电视网的覆盖范围。但它兼具二者相当大部分的威力和优势。

——杰夫·沃克

打造成功电子商务的最佳途径就是学习如何推出产品。精通"营销变成活动之道"，便能进入电子商务世界中遨游，并享有前所未有的机遇。

就许多方面来说，在线推出产品是成功销售者多年来一直在做的事。网络只不过提供了前所未见的规模，并将其置于公众面前，就像是给市场打了类固醇一般。

多年以来，好莱坞一直在这么做：电影上映前几个月，好莱坞便制造话题。到影片终于上演时，人们因之前的炒作热度而争先恐后去观看，好莱坞再通过这股气势继续往前推进。完美上市的方式也是如此。

产品上市蓝图

程序	触发点	工具	不同的形态
1 预上市之前	1. 权威	故事	播种上市——从零开始
2 预上市	2. 互惠 3. 信任 4. 预期	名册	合伙上市——借力而行
3 产品上市	5. 讨喜 6. 事件及仪式 7. 社交媒体	横向销售信	商业上市——创造可以扩大的系列
4 产品上市之后	8. 稀有		
销售	9. 社会认同		

关键思维

我有一个播种式上市的故事，故事主角是我的产品上市研究会。虽然我只说服了 6 个人付费上我的产品上市研讨会，我自己却觉得胜券在握。现在，因为凡事追求完美，我把在第一次研讨会上讲授的教材，修订成一个更精致的版本。其中，我用到了讲授这些教材学到的所有教训，以及几个学生的个案研究。几个月后，我完成了第一套产品上市公式课程。我当然也得替它做产品上市活动，那是2005年10月。推出后一周，我的销售额高达60多万美元。从那时起，产品上市公式课程累计替我赚进2000多万美元，而现在有1万多人买了我的产品上市公式课程。这说明，以播种式上市开始，并继续利用上市活动，最后就会有一连串的妙事发生。

——杰夫·沃克